Y Parchedig a Mrs T. Tegryn Davies.

'FE A HI 'MA'

Cofiant
y Parchedig a Mrs T. Tegryn Davies

G. Wyn James

Argraffiad cyntaf—Awst 1996

ISBN 1 85902 319 3

ⓗ G. Wyn James

Dymuna'r cyhoeddwyr gydnabod cymorth adrannau
Cyngor Llyfrau Cymru.

Argraffwyd gan
Wasg Gomer, Llandysul, Ceredigion

Cyflwynir y gyfrol hon i Mererid
am ei hamynedd yn caniatáu imi
dreulio cymaint o amser o flaen y
cyfrifiadur ac er cof am fy rhieni, sef
John Eirion ac Elisabeth Ann,
Swyddfa'r Post, Beulah.

CYNNWYS

RHAGAIR

Yr oedd gwerthfawrogiad fy rhieni o gyfraniad y Parchedig a Mrs T. Tegryn Davies a'u teyrngarwch iddynt yn ddi-droi'n-ôl, a gŵyr ein perthnasau a'n ffrindiau fod Menna fy chwaer a minnau yn cydnabod dylanwad pellgyrhaeddol y ddau arnom.

Bu Tegryn Davies yn weinidog arnaf am dros ddeng mlynedd ar hugain a rywsut neu'i gilydd bu gennyf, ers y medraf gofio, ddiddordeb mewn diwinyddiaeth. Yn 1989 gwelais hysbyseb yn Y Tyst yn cyfeirio at gwrs allanol newydd yng Ngholeg yr Annibynwyr Cymraeg yn Aberystwyth. Gallai'r cwrs hwn arwain tuag at Dystysgrif Cymhwyster ar gyfer y Weinidogaeth. Ar ddiwedd y flwyddyn gyntaf fe'm gwahoddwyd gan y Prifathro ar y pryd, sef y Parchedig E. Stanley John, i ymgymryd â gwaith ymchwil tuag at y radd uwch o M.Th. yn ogystal â'r Dystysgrif. Prif thema'r gwaith ymchwil oedd Cyfathrebu Cristionogol yng Nghymru Heddiw. Disgwylid 6 thraethawd 5,000 o eiriau ac un traethawd hir 20,000 o eiriau. Gogyfer â'r traethawd hwnnw cytunwyd ar y testun, 'HANES EGLWYSI ANNIBYNNOL BEULAH A BRYN-MAIR, SIR ABERTEIFI, HYD 1970, GYDA CHYFEIRIAD ARBENNIG AT WEINIDOGAETH Y PARCHEDIG THOMAS TEGRYN DAVIES A MRS LYDIA MAY TEGRYN DAVIES'. Heb yn wybod imi bron tyfodd y traethawd hwnnw yn 56,000 o eiriau! A rhan ohono yw'r gyfrol hon. Gobeithiaf gyhoeddi cyfrol arall yn rhoi 'Braslun o Hanes Eglwysi Annibynnol Beulah a Bryn-mair tan 1930' cyn bo hir.

Gwn yn iawn nad yw'r maes wedi ei ddi-ysbyddu a bod rhagor i'w ysgrifennu ond yr oedd yn rhaid dod i derfyn yn rhywle. Mae fy nyled yn fawr i Brifathro presennol y Coleg, sef Y Parchedig W. Eifion Powell, am fy nghyfeirio a'm cymell. A dymunaf ddiolch hefyd i'r Parchedig Athrawon Gareth H. Watts, Euros Wyn Jones a D. Elwyn Davies am ddyfnhau fy nealltwriaeth o bynciau astrus.

I gyflawni'r gwaith bu'n ofynnol imi ddarllen, holi, gwrando a benthyg dogfennau a lluniau. Nid yw'n ymarferol imi enwi pob cymorth yn y rhagair ond rwy'n gobeithio imi enwi pob un rhywle yn y gyfrol a chydnabod pob ffynhonnell. Dyna oedd fy mwriad p'run bynnag ac os tramgwyddwyd rhywun, ni wnaed hynny'n fwriadol. Derbynied pob yr un ohonoch fy niolch diffuant. Heb eich cymorth ni fyddai'r gwaith ymchwil wedi ei gwblhau na'r gyfrol wedi ymddangos. Bûm yn ffodus fod Mrs Davies wedi cadw cymaint o dystiolaeth a bod Alun a'i briod Sandra wedi ei ddiogelu. A gwn y bydd cywyddau ac englynion Dic Jones, sydd nid yn unig yn gelfyddyd gynganeddol ond yn groniclau hanesyddol cynnil ond cynhwysfawr, yn cyfoethogi'r gyfrol.

Erys dylanwad Mr a Mrs Davies. Eleni y mae'n ganmlwyddiant geni'r ddau ac y mae sôn am rai digwyddiadau yn yr ardal. Gobeithio y bydd y gyfrol hon yn gyfraniad i'r coffa da amdanynt.

Diolch i staff Cyngor Llyfrau Cymru am bob arweiniad ac i Wasg Gomer am bob cydweithrediad.

G. Wyn James
Gorffennaf 1996

Pennod 1

CEFNDIR Y PARCHEDIG T. TEGRYN DAVIES

Ganwyd Tegryn Davies ar 21 Mehefin 1896 yn fab i Robert ac Anna Davies, Fferm Tresaeson, rhwng pentrefi Tegryn a Chwm Cych ym Mhlwyf Clydau yn yr hen Sir Benfro. Bedyddiwyd ef yn Thomas Davies ac yr oedd yn un o bump o blant, tri brawd a dwy chwaer. Ei ddau frawd oedd John Davies (a fu farw yn bedair blwydd oed) ac Ebenezer (Y Parchedig E. Curig Davies wedyn) a'i ddwy chwaer oedd Frances a Mary Ann. Nid oes yr un ohonynt ar ôl bellach, ond bu Llinos Harries, wrth baratoi traethawd hir am Ddiploma Prifysgol Cymru o Goleg Harlech yn yr wythdegau, yn holi Frances. Trigai hi yn Aberteifi ar y pryd ac eglurodd mai mabwysiadu eu henwau canol a wnaeth 'Tomi' a 'Benser'. Dewiswyd Tegryn, sef enw pentref ei ysgol ddyddiol gyntaf, gan Thomas, a Curig, o enw'r plwyf Eglwys Fair a Churig yn Nyffryn Taf, gan Ebenezer.

Mae Llinos Harries yn sôn am ddau hanesyn addysgol y mae'n briodol eu crybwyll. Dyma'r cyntaf. Ar ôl i'r teulu symud o Dresaeson i'r Fronwen ac yna i Aberdyfnant, fferm rhwng Llanfyrnach a Glandŵr, âi Ebenezer, Thomas, Frances a Mary Ann i Ysgol Glandŵr. Yr oedd Mary Ann yn dioddef o anfantais gorfforol a chyfeirir at ei chyd-ddisgyblion yn sôn gydag edmygedd:

> . . . am Benser y brawd hynaf [Curig], yn ei chario i'r ysgol a oedd o leiaf ddwy filltir o bellter i ffwrdd.

Gwnaeth gweld y gorchwyl hwn ddwywaith y dydd argraff ddofn ar Tomi, y brawd arall. Cofir amdano'n sôn fwy nag unwaith o'r pulpud ymhen blynyddoedd fel y gwelodd Idwal Lloyd yn cario ei frawd bach Edryd i fyny rhiw Pantygrafel. Holodd a oedd Edryd yn drwm. Ac ateb Idwal, yn ôl Tegryn Davies oedd, 'Nag yw, fy mrawd yw e'.' Defnyddiai'r hanesyn fel dameg fechan.

Mae'r ail hanesyn yn sôn am y diwrnod yr oedd Tomi i ddechrau yn Ysgol Ramadeg Hendy-gwyn ar Daf. Roedd dwy filltir i'w cerdded ac afon i'w chroesi a hithau'n ddiwrnod garw. Wrth groesi'r afon fe gwympodd ei fag a'i lyfrau i'r afon. A throi am adref wnaeth Tomi! Dyna pam, yn fwy na thebyg, yr oedd Tegryn Davies mor hoff o'r darn adrodd 'Tomi' gan Nantlais. Heblaw ei fod o'r un enw, medrai uniaethu â'r breuddwydiwr bach hwnnw na fedrodd gyrraedd yr ysgol mewn pryd ar fore o haf am iddo oedi ar y daith i edmygu rhyfeddodau natur ac na ddeffrôdd cyn i'r wialen fedw groesi ei law. Rheswm arall pam nad aeth ymlaen i'r ysgol ramadeg oedd y trafferthion a gawsai â'i lygaid. Yn ôl ei chwaer Frances:

. . . roedd ei olwg yn ddigon gwael pan oedd e'n fach.

Arhosodd yn Ysgol Glandŵr nes yr oedd yn dair ar ddeg oed. Yna gadael i ffermio gartref gyda'i fam a'i dad. Ac yntau'n fab fferm ac adre'n ffermio ni chafodd ei alw i ymladd yn y Rhyfel Byd Cyntaf.

Nid oes tystiolaeth ei fod yn casáu ffermio. Yn wir y mae'r Parchedig D. Gwyn Evans yn cofio am dractor cyntaf yr ardal— 'Titan International'—yn dod i ffermio Nantyweirglodd adeg y Rhyfel Byd Cyntaf a Tomi Aberdyfnant yn ei yrru. Roedd y ddau deulu'n perthyn a byddent yn cynorthwyo'r lleoedd bach nad oedd ganddynt geffylau na pheiriannau. Dyma arwydd o'i 'weld pell' a pharhaodd ei ddiddordeb mewn mecanyddiaeth drwy'i oes. Yr oedd yr un elfen yn Curig Davies ei frawd. Medd Ednyfed Curig Davies am ei dad:

Un peth a'i nodweddai, fel ei frawd Tegryn, oedd y sicrwydd fod pethau mecanyddol, pa mor gymhleth bynnag yr oeddynt yn ymddangos, yn y bôn yn syml.[1]

Cadarnheir ei flaengarwch peirianyddol gan Llinos Harries:

Roedd Tomi yn gneifiwr da iawn yn ôl Elwyn James, Derlwyn Glandŵr . . . a'i fod yn cneifio, nid â gwellau, ond â pheiriant cneifio.

[1]Ednyfed Curig Davies, *Curig*, Golygydd Huw Ethall, Tŷ John Penry, Abertawe 1992, t. 29.

Yr oedd cylchoedd Glandŵr a Llanfyrnach yn y cyfnod hwn yn llawn gweithgaredd cymdeithasol a diwylliannol. Ac yn ôl D. Gwyn Evans:

> . . . bywyd y capeli oedd bywyd yr ardaloedd. Ond roedd yno lawer traddodiad o radicaliaeth gwreiddiol megis a amlygwyd gan y Parchedig John Davies, Iet Wen (Siôn Gymro ac Awdur *Y Proffwydi Byrion yn yr Hen Destament*), Nicholas y Glais a Twm Carnabwth.

Credai D. Gwyn Evans fod ei amgylchfyd wedi dylanwadu'n drwm ar Tegryn Davies. Yr oedd pentrefi Glandŵr a'r Efail Wen bron y drws nesaf i'w gilydd a mam T. E. Nicholas (Nicholas y Glais) wedi magu ei gefnder, y Parchedig D. J. Davies, Capel Als. Yn wir, cofia Kenneth Jones bod Tegryn Davies yn edmygydd mawr o T. E. Nicholas. Ac yn ystod gweinidogaeth Siôn Gymro yng Nglandŵr (1848-1882) bu dadlau diwinyddol ffyrnig yn y cylch rhwng y Calfiniaid a'r Arminiaid. Yn ddiddorol iawn mae un o ddisgynyddion Siôn Gymro ymysg aelodau presennol Eglwys Beulah. Roedd yn hen dad-cu i Margaret Davies, Hendre Fwyn. Ac yn ôl Margaret Davies bedyddiwyd ei thad, John Jones, Pantdaniel, ar arch Siôn Gymro ei dad-cu. Bu llyfrgell Siôn Gymro, a oedd yn hyddysg mewn saith o ieithoedd, ym meddiant y teulu tan i John Jones ei throsglwyddo i Lyfrgell Genedlaethol Cymru.

Myn Lyndon Lloyd fod pobl Glandŵr, Penfro, yn bobl arbennig iawn. Disgrifai nhw fel:

> . . . pobl dawel, gwrtais, hamddenol a diwylliedig ond ni hoffai eu croesi am fod ganddynt ruddin gwaelodol cryf.

Yn Sunny Hill, Llanfyrnach, trigai gŵr galluog ac amryddawn iawn o'r enw Brynach Davies. Roedd yn gymeriad diddorol, yn bregethwr ac yn fardd. Cynhaliai ddosbarthiadau nos yn Ysgoldy Hermon, Llanfyrnach. Fel llawer yn yr ardal, aeth Tegryn Davies a Curig Davies ato i ddysgu barddoni, gan gynnwys dysgu'r cynganeddion ac adrodd. Yn y dosbarthiadau hynny hefyd efallai y sylweddolodd werth orenau ac fe blediodd eu rhinweddau gydol ei weinidogaeth, fel y tystia'r dyfyniad isod o araith a draddodwyd yng Nglandŵr:

> Yr oeddem fel dosbarth yn ddyledus i Gwilym Bowen, Hermon am storio digon o *oranges* i gadw'r Athro mewn hwyl dda.

Y mae ym meddiant ei fab, Alun Meredydd Tegryn Davies, enghreifftiau o'i gynhyrchion barddonol a llenyddol a thystiolaeth o lwyddiannau ei dad fel bardd, llenor ac adroddwr. Yn rhifyn 22 Mehefin 1923 un o'r papurau wythnosol lleol, sef y *Cardigan and Tivy Side Advertiser*, ceir erthygl gan Mr T. Davies, Aberdyfnant, Glandŵr, yn dwyn y teitl 'Oriau Hamdden'. Yn gwbl nodweddiadol o Tegryn Davies, y mae'n cynnwys yr is-deitlau 'Amser yn Gyfoeth', 'Y Modd i'w Ddefnyddio', 'Profi Dyn', 'Cynllun a Threfn', 'Ymarferion Corfforol', ac 'Ehangu Gorwelion'. Yn wir, nid gormodiaith fyddai honni iddo fabwysiadu dau o is-benawdau ei erthygl yn ddau o arwyddeiriau ei weinidogaeth, sef 'Amser yn Gyfoeth' ac 'Ehangu Gorwelion'. Daeth Llinos Harries o hyd i ddwy stori a fu'n fuddugol mewn eisteddfod leol ac a gyhoeddwyd ganddo yn laslanc sef 'Bywyd yn y Pentre-Gwyn' a 'Haff Holidei' (yr ail yn nhafodiaith Sir Benfro). Yn ôl y Prifardd Dic Jones yn y gyfrol *Namyn Bugail*:

> . . . addefai iddo ennill mwy wrth ysgrifennu nag a wnâi wrth amaethu.

Y mae ym meddiant ei fab, Alun, enghreifftiau o farddoniaeth a ysgrifennwyd ganddo yn y cyfnod hwn. Canwyd un o'r caneuon hyn i groesawu'r bechgyn yn ôl o'r Rhyfel Byd Cyntaf ond ni chyhoeddwyd un arall (cân serch). Dengys y golofn *'Tâf and District'* yn rhifyn 8 Mai 1925 *The Celtic News* mai T. Davies, Aberdyfnant a enillodd y 'Champion Recitation' yn Eisteddfod Llanglydwen y dydd Sadwrn cynt a hynny yn erbyn cystadleuwyr o'r tair sir. Yr oedd, yn ôl yr araith a draddodwyd ganddo yng Nglandŵr, wedi gobeithio datblygu ei ddoniau fel bardd a llenor:

> Meddyliais lawer iawn i ragori arnynt . . . Ond yn rhannol yn unig y daeth hyn i ben. Ni chafwyd fawr o gyfle i ddilyn y

4

llwybrau hyn yn y weinidogaeth yn Nhonypandy na Sir Aberteifi. Yn lle hynny agorodd drysau eraill.

A thra bu adre'n ffermio yn Aberdyfnant, bu ganddo Gwmni Drama yn ardal Glandŵr a lwyfannodd lawer iawn o ddramâu R. G. Berry a 'Machan Mawr I' gan Dyfnallt. Yr oedd galw mawr am ddramâu yr adeg honno a chrwydrodd y Cwmni'r ardaloedd i'w perfformio:

> Cofiaf amdanom yn cystadlu mewn Wythnos Ddrama, yn 1918, yn Felinfoel, Llanelli, ond teg yw dweud na chawsom y wobr gyntaf, er i ni wneud ein gorau.

Er mai Tegryn Davies oedd y cynhyrchydd, cymerai ran o bryd i'w gilydd yn ddirybudd pan fyddai actor yn sâl. Daeth y diddordeb byw hwn yn y ddrama i'r amlwg eto yn y Coleg Presbyteraidd yng Nghaerfyrddin ac yn ystod ei weinidogaeth.

Ond ni chyfyngai ei ddiddordebau hamdden i weithgareddau diwylliannol dyrchafedig yn unig. Yn ôl tystiolaeth ei chwaer Frances, a groniclir gan Llinos Harries, roedd yn saethwr da ac yn bysgotwr medrus dros ben gyda'r bachyn mawr (gaff). A honnodd droeon ei fod yn medru saethu giachod fel y mynnai yr adeg honno. Gŵyr y cyfarwydd bod hynny'n wir gamp. Ni soniai'n gyhoeddus am ei orchestion gyda'r gaff!

Nid oes amheuaeth nad oedd Tomi Aberdyfnant yn weithgar iawn yn yr ardal. Medd Dic Jones yn *Namyn Bugail*:

> Daeth yn ifanc iawn (os nad yr ieuangaf erioed) yn aelod o Gyngor Dosbarth Gwledig Hendy-gwyn ar Dâf a Bwrdd Gwarcheidwaid Arberth.[2]

Ac yn ôl Llinos Harries yn ei thraethawd ymchwil:

> . . . yn ystod Rhyfel 1914-1918, bu'n Ysgrifennydd Cymdeithas y Cymod yn y cylch.

Roedd tad Tegryn Davies yn aelod o'r 'Board of Guardians, Aberteifi' a chofia'r Parchedig James Henry Jones amdano'n

---

²Dic Jones, *Namyn Bugail*, Golygydd T. J. Davies, Gwasg Gomer, 1978, t. 33.

adrodd yr hanes am y tro pan oedd ei dad yn sâl ac yntau yn ei gynrychioli:

> Mynnodd brofi'r cawl yn Nhloty Aberteifi a dyfarnu nad oedd yn ddigon da—a hynny yn y dauddegau.

Amlygwyd y diddordebau a'r galluoedd hyn eto yn ystod ei weinidogaeth.

Y mae'n rhaid ei fod yn byw bywyd llawn ac y mae'n fwy na thebyg ei fod yn ddigon hapus, ac efallai y buasai wedi parhau i ffermio a gwasanaethu'i filltir sgwâr oni bai am ddylanwad un gŵr. Ei weinidog, y Parchedig P. E. Price, oedd hwnnw. Yn wir, fel y dywed Llinos Harries, yr oedd Capel Glandŵr yn nodedig am godi dynion i'r weinidogaeth:

> . . . o leiaf ugain . . . ac yn eu plith yr oedd Tomi Tegryn Davies ac Ebeneser Curig Davies. Yno hefyd y codwyd ei gefnder D. J. Davies, Capel Als.

Mae'r Parchedig F. M. Jones yn dyfynnu Curig:

> Eglwyswraig oedd Mam, ac oni bai am Price, Glandŵr, ciwrat bach fydden i![3]

Yn ôl y Parchedig Dewi W. Thomas, gwelai'r fam eu meibion yn wahanol iawn i'w gilydd:

> . . . eu mam yn dweud bod Curig ond yn gweld yr ochr orau mewn dynion a bod Tegryn yn gweld y ddwy ochr—y drwg a'r da.

Roedd yn realydd o'i blentyndod!

Ganwyd Curig Davies yn y flwyddyn 1895. Yn ôl Llinos Harries, yr oedd yn pregethu yn bedair ar bymtheg mlwydd oed, ac ymunodd â Choleg Presbyteraidd Caerfyrddin yn 1919. Ganwyd Tegryn Davies flwyddyn yn ddiweddarach, yn 1896, ac ni chyrhaeddodd ef y Coleg yng Nghaerfyrddin tan ddiwedd 1928. Y mae'n deg nodi bod y ddau wedi mynd i

[3]F. M. Jones, 'Y Gweithiwr yn haeddu gorffwys', *Curig*, Golygydd Huw Ethal, Gwasg John Penry, 1992, t. 93.

Ysgol yr Hen Goleg yng Nghaerfyrddin yn gyntaf. Ond y mae'r ffeithiau hyn yn tystio'n eglur na ruthrodd Tegryn Davies i'r weinidogaeth. Fel y nodwyd eisoes, mae'n fwy na thebyg ei fod yn ddigon hapus yn ffermio. Ac yn sicr yr oedd wrth ei fodd yn gwasanaethu'r ardaloedd mewn modd mor ddiwyd ac mewn cymaint o amryfal ffyrdd. Y mae traethawd Llinos Harries yn cadarnhau bod:

> . . . Tegryn yn arweinydd da yng Nghapel Glandŵr ac yn dda iawn yn y cyrddau pobl ifanc.

Cadarnha ei fod yn Arolygwr yr Ysgol Sul am y flwyddyn 1922 a bod P. E. Price a'r diaconiaid yn ei gymell i fynd i'r weinidogaeth.

Arhosodd Tegryn Davies yn amyneddgar am yr Alwad. Er iddo gael ei fagu ar aelwyd grefyddol, yn ôl Y Parchedig Ben Owen, rhywbeth i'w fyw'n syml a naturiol o ddydd i ddydd oedd crefydd ei rieni ac nid:

> . . . rhywbeth i floeddio amdani'n ffwdanus.[4]

Perthnasol yw dyfynnu John Stuart Roberts:

> Er i ddylanwad a chyffro 1904/05 ledu'n gyflym drwy Gymru, ychydig fu effaith y Diwygiad ar ardaloedd godre'r Preselau fel Glandŵr a Llandysilio, yn enwedig felly yn yr eglwysi Annibynnol.

Cofia John Stuart Roberts am Curig Davies yn dweud bod sŵn yr adfywiad yn fwy na'r dylanwad gan fod gormod o ganmol a rhy ychydig o esbonio yn nodweddu'r Diwygiad. Dywedodd Tegryn Davies droeon fod perygl mawr mewn chwarae ar deimladau yn lle esbonio ac ymresymu.

Bu Llinos Harries yn siarad â David Williams, Pengamell, Glandŵr, am y noson y gofynnodd P. E. Price i'r eglwys godi dwylo o blaid cymell Tegryn Davies i'r weinidogaeth. Ni chododd David Williams ei law am na ddymunai i'r bobl ifanc

---

[4]Ben Owen, Yr Oriel, *Tywysydd y Plant*, Cyfrol 2 : Rhif 11, Gwasg John Penry, 1955, t. 166.

a'r ardal golli Tegryn Davies. Ceir tystiolaeth debyg gan Ben Owen mewn erthygl yn 'Tywysydd y Plant' am un o weinidogion amlwg ein henwad yn dweud:

> . . . na allai ymfalchïo pan aeth ein cyfaill am y weinidogaeth, gan fod hynny'n golygu y collid ef fel arweinydd pobl ifanc yn eglwys Glandŵr ac fel cynrychiolydd Plwyf Eglwys Fair a Churig ar y Cyngor Dosbarth.

Yr oedd wrth gwrs yn 32 mlwydd oed yn cychwyn ei gwrs Coleg. Ond bu eu colled hwy yn ardaloedd Glandŵr yn ennill mawr i ieuenctid ardaloedd Beulah a Bryn-mair maes o law.

Tra oedd yn fyfyriwr yn y Coleg Presbyteraidd, Caerfyrddin rhwng 1928 ac 1931, cododd sefyllfa anarferol iawn. Bu'n rhaid iddo ofyn am ganiatâd y Prifathro J. Parke Davies i fynychu cyfarfodydd Cyngor Dosbarth Hendy-gwyn ar Daf a Bwrdd Gwarcheidwaid Arberth er mwyn parhau i gynrychioli'r etholwyr. Ac fel y ceir gweld, fe ddaliodd yr anian hwn yn ei waed tan y diwedd.

Dengys adroddiadau'r Coleg am y blynyddoedd 1924-1930 gynnydd sylweddol yn nifer y myfyrwyr. Roedd yno dri deg chwech o fyfyrwyr Annibynnol yn 1930. Credai'r Prifathro, J. Parke Davies, bod ystwytho'r corff mor bwysig ag ystwytho'r meddwl a gwnaeth ymdrech i Gymreigio'r Coleg.

Undodwr oedd J. Parke Davies. Yn wir, yr Undodwyr oedd piau'r Coleg. Ymddengys fod gan Tegryn Davies lawer iawn o gydymdeimlad â rhyddid rhai o gredoau'r Undodwyr. Cofia D. Gwyn Evans amdano, ar y ffordd yn ôl o angladd Ben Owen, yn mynnu bod y Parchedigion D. Gwyn Evans, D. J. Davies, E. Curig Davies ac yntau, a oedd i gyd yn hanu o'r cylch:

> . . . yn galw i weld adfail o hen Gapel Undodaidd Rhydyparc ger Glandŵr, a godwyd gan yr Arminiaid yn nyddiau eu brwydrau yn erbyn y Calfin mawr Siôn Gymro.

Un o'i gyd-fyfyrwyr oedd y Parchedig Stanley Jones, Llanelli a gadarnhaodd mewn llythyr at Llinos Harries bod diddordeb Tegryn Davies mewn drama wedi parhau yn y Coleg.

Perthynai i 'Gwmni Drama' y Coleg, ac nid oedd neb yn debyg iddo am bortreadu cymeriad mewn drama.

Ceir tystiolaeth o'i allu cwbl arbennig mewn toriad o bapur newydd o'r cyfnod sydd ym meddiant y teulu:

> . . . oni bai am actio rhagorol y cymeriad a gynrychiolai David Henry Jones, byddai peth agor ceg wedi ei weld, ond fe achubwyd y sefyllfa gan actio smala y cymeriad hwn.

Perfformiad cwmni'r Coleg o'r ddrama 'Yr Anfarwol Ifan Harries' gan Idwal Jones, yn yr Empire, sydd dan sylw, a Tom Davies (Tegryn Davies, wrth gwrs) yn chwarae rhan David Henry Jones!

Ategir ei ddoniau fel actiwr hefyd gan y colofnydd papur newydd 'Amaethon'. Yr oedd wedi digwydd taro ar Tegryn Davies yng Ngŵyl Tair Sir yr Urdd yng Nghastellnewydd Emlyn ym mis Mehefin 1952 ac atgofion bore oes wedi llifo'n ôl:

> . . . er imi ymhél tipyn â byd y ddrama oddi ar hynny [o gwmpas 1920] nid oes i mi hyd heddiw actor hafal iddo ef na drama debyg i 'Machan Gwyn I'. Arwr-addoliad pur, meddech chi, ond dyna'r gwirionedd.[5]

Yn ystod ei gyfnod yn y Coleg, arhosai Tegryn Davies gyda'i frawd Curig Davies, a'i briod, yn y Mans (Tre Sul) yng Nghydweli. Gwyddys am frwdrydedd Curig dros adeiladau newydd. Mae Capel Berea, Bynea, Llanelli; Capel Sul Cydweli; a Thŷ John Penry, sef Canolfan Undeb yr Annibynwyr, yn tystio i'w lwyddiannau. Ac fel y ceir gweld eto, rhannai Tegryn Davies yr un ysfa â'i frawd i wella ac ehangu adeiladau. Ond fel y gwelwyd, er iddo fyw yng Nghydweli, chwaraeodd ran lawn ym mywyd cymdeithasol a diwylliannol y Coleg.

Daeth cyfnod Tegryn Davies yn y Coleg i ben yn 1931. Dyfarnwyd iddo Dystysgrif Anrhydedd. Cyn diwedd yr haf yr oedd wedi ei ordeinio yn weinidog Capel Ebeneser, Tonypandy.

---

[5] Amaethon, Colofn y Gwladwr, *Welsh Gazette*, 2 Gorffennaf 1952, t. 7.

Pennod 2

Y WEINIDOGAETH GYNTAF :

EGLWYS EBENESER, TONYPANDY. GALWAD I WASANAETHU
EGLWYSI BEULAH A BRYN-MAIR SIR ABERTEIFI. PRIODI.

Mae dogfennau ym meddiant Alun Meredydd Tegryn Davies yn tystio i'w dad dderbyn pedair galwad pan oedd ar fin gadael y Coleg, sef i Gapel Iwan, Crwbin; Bethania, Cwmafan, ac Ebeneser, Tonypandy. Mewn llythyr at Ysgrifennydd Capel Iwan yn 1931 mae'n egluro mai telerau Capel Iwan, o ystyried popeth, oedd y gorau o ddigon. Ac er ei fod yn cydnabod y câi le da yng Nghapel Iwan a'r cylch ymysg cyfeillion a chydnabod bore oes, y mae'n egluro bod rhywbeth yn ei gymell i wrando ar y llais o'r Rhondda:

> . . . ar ôl llawer o gyfyngder meddwl ac ystyriaeth ddwys teimlaf bob dydd fod yna ryw gymhellion mewnol yn dod yn fwy clir sydd yn dweud mai i gyfeiriad Ebenezer Tonypandy y rhaid i mi fynd.

Ond cofiai Nona Richards am Tegryn Davies yn dod i bregethu ym Meulah fel myfyriwr pan oedd y Parchedig D. Dalis Davies newydd ymddeol. Gwnaeth argraff fawr arni wrth sôn am 'sawr y grug a'r blodau a chainc aderyn a chlod dynolryw i'r Goruchaf', ond yn anffodus yr oedd eisoes wedi derbyn galwad i Donypandy i fwrw'i brentisiaeth:

> Falle mai'n lwc ni oedd iddo fwrw ei brentisiaeth gyda'r coliers. Ond yn ffodus blinodd yng nghanol y pyllau glo a daeth yn ôl i'w gynefin. A rhaid ei fod wedi leicio ei le i aros gyda ni gyhyd. Ein braint ni oedd inni lwyddo i'w gadw.[6]

Telerau'r alwad honno i Ebeneser, Tonypandy yn ôl llythyr gan Mr D. O. Williams, Ysgrifennydd yr Eglwys, oedd:

[6]Nona Richards, *Tâp Cwrdd Tystebu Beulah a Bryn-mair*, 29 Rhagfyr 1969.

. . . £234 y flwyddyn neu £4-10-0 yr wythnos a 13 Sul y flwyddyn yn rhydd ac i chwi ofalu am dŷ eich hunan.

Pwysleisiodd yr Ysgrifennydd fod Ebeneser:

. . . yn Eglwys ragorol i'w gweinidog ac yn lle da i weithio ac i chwi wneud enw da.

Cynhaliwyd y Cyfarfodydd Ordeinio nos Fercher a dydd Iau, 15 a 16 Gorffennaf 1931. Pregethwyd gan ei gefnder D. J. Davies, Capel Als, Llanelli nos Fercher a chan Yr Athro J. Oliver Stephens, Caerfyrddin fore Iau ar 'Natur Eglwys'. Holwyd y Gofyniadau yn y Cwrdd Ordeinio yn y prynhawn gan y Parchedig T. Bryn Thomas, Ferndale a rhoddwyd Siars i'r Gweinidog gan P. E. Price, Glandŵr. Yn yr oedfa nos Iau, rhoddwyd Siars i'r Eglwys gan y Parchedig D. E. Peregrine, Saron, Trewiliam a phregethwyd gan Curig Davies, Cydweli (brawd Tegryn Davies). Yn naturiol yr oedd cyfraniadau gan nifer luosog o frodyr a chwiorydd eraill. Mae toriadau papur newydd yn tystio i gynrychiolaeth deilwng o Glandŵr, Caerfyrddin a Chydweli yn ogystal â thorfeydd lleol fynychu'r cyfarfodydd.

Yr oedd Eglwys Ebeneser yn eglwys dda a chanddi gapel eang, hardd. Mae D. O. Williams wedi cofnodi mai:

Rhif yr Eglwys ar ddechrau Gweinidogaeth Mr Davies oedd 303. [7]

Calonogwyd Tegryn Davies gan nifer yr aelodau:

Gwelir bod 49 o enwau yn fwy yn yr Adroddiad hwn nag oedd yn Adroddiad 1930. Does neb a'n argyhoedda mai nifer fawr sydd yn gwneud eglwys fawr, ond y mae yn galondid i ni ynghanol cyni ac ymfudo y Rhondda i weld y trai yn troi'n llanw weithiau.[8]

[7]D. O. Williams, Ysgrifennydd, *Llawysgrif Ll. G. C. 11124E*, Hanes Ebeneser, Tonypandy.

[8]D. O. Williams, Ysgrifennydd, *Adroddiad Eglwys Annibynnol Ebenezer, Tonypandy am 1933*, Robert Davies a'i Gyf., Tonypandy, 1934.

Y mae'n sicr i'r newid byd a ffordd o fyw y Rhondda fod yn ddieithr iawn iddo ar y cychwyn. Ond yn ei Anerchiad am 1933 y mae'n diolch am rai pethau y bu'n diolch amdanynt yn gyson maes o law yn Eglwysi Beulah a Bryn-mair—a hynny yr un mor fachog:

> Diolchwn am haelioni heb ei gymell; rhywrai wedi cyfrannu yn helaeth; eraill wedi cyfrannu llai, ond na farned neb oddi wrth hynny, oblegid maint yr aberth ac nid maint y rhodd sy'n cyfrif mewn Adroddiad Eglwys.[9]

Cyfeiria'r Anerchiad at weithgarwch cyffredinol yr Eglwys. Eglurir bod yr Eglwys yn sefyll am yr ysbrydol, y dyrchafol a'r da ac fel y ceir bendith trwy ymroddiad a gwasanaeth yn yr Ysgol Sul, y cyrddau wythnosol a'r gwahanol gymdeithasau a berthynai i Eglwys Ebeneser, Tonypandy. Dymuna:

> . . . gydnabod pob ymdrech a wnaed i ofalu am blant yr eglwys—i'w meithrin a'u hyfforddi a'u dysgu.[10]

Yr oedd y pwysigrwydd o ennyn diddordeb yr ifanc eisoes yn amlwg iddo. Yn yr un modd yr oedd ei draed ar y ddaear o'r cychwyn cyntaf. Wrth ddiolch i'r Dosbarth Gwnïo a fu'n trefnu gogyfer â'r goeden nadolig ac ymweliad Siôn Corn, mae'n nodi na fedrai hwnnw fod wedi gwneud fawr o ddim oni bai fod rhywrai wedi hongian y teganau ar y goeden cyn iddo ddod. Yna gyrr y neges adref drwy ddweud na all yr un ohonom gyflawni fawr heb:

> . . . fod yr Ysbryd hwnnw y mae Santa Claus yn sefyll amdano yn mynd i mewn i'n calonnau. Ac felly, tywalltiad newydd a helaethach eto o Ysbryd Iesu Grist a wna eglwys lwyddiannus yng ngwir ystyr y gair.[11]

[9]ibid.
[10]T. Tegryn Davies, Anerchiad, *Adroddiad Eglwys Annibynnol Ebenezer, Tonypandy am 1933*, Robert Davies a'i Gyf., Tonypandy, 1934.
[11]ibid.

12

Dyna ei neges ddechrau mis Ionawr 1933. Cyn pen chwe mis yr oedd wedi derbyn gwahoddiad i wasanaethu Eglwysi Beulah a Bryn-mair, Sir Aberteifi. Dangosodd aelodau yr eglwysi hynny eu cefnogaeth lawen drwy sefyll ar eu traed. Medd Llewelyn Powell, Ysgrifennydd Eglwys Beulah, mewn llythyr ato yn 1933:

Pawb o'r unfryd, unfarn yn y ddwy Eglwys ar eu traed.

Eglurwyd wrtho bod ei ragflaenydd, D. Dalis Davies:

. . . yn derbyn o ewyllys da y ddwy Eglwys, yr oedd yn cael y blynyddoedd diwethaf tua £230.

Ond rhoddwyd addewid o leiafswm o £200 iddo. Yn ogystal cafodd y darpar Weinidog addewid o gyfraniad at rent tŷ a sicrwydd y medrid dod i gytundeb ynglŷn â Suliau rhydd.
Cadarnhawyd hefyd bod:

. . . yma deimlad cryf dros adeiladu tŷ, ac o dan arweiniad credaf na fuasai yn hir cyn bod yn ffaith.

Gwyddys iddo dderbyn yr alwad er bod pob tystiolaeth yn cadarnhau ei fod yn weithgar a llwyddiannus yn Nhonypandy. Yn ôl y Parchedig R. T. Gregory, Ysgrifennydd Cyfundeb Dwyrain Morgannwg, mewn llythyr, bu ei Weinidogaeth yn Ebeneser, Tonypandy:

. . . yn dra llwyddiannus ac addawol. Gwasanaethodd ei Arglwydd fel cennad addas i Efengyl Crist. Mae'n frawd hoffus, yn bregethwr da ac yn weithiwr ffyddlon. Nid hawdd yw i'r Rhondda a Dwyrain Morgannwg wynebu colli un ieuanc ymroddgar fel Mr Davies. Gwyddom y bydd yn gaffaeliad i chwi.

Yn naturiol, yr oedd aelodau Eglwys Ebeneser, Tonypandy, yn siomedig iawn o'i golli ymhen dwy flynedd gwta. Cynhaliwyd Cyfarfod Ymadawol ar 13 Awst 1933 ac yn ôl D. O. Williams, gwerthfawrogwyd ei wasanaeth yn anrhydeddus drwy:

. . . gyflwyno rhodd werthfawr 'Chimes Clock', gwerth £7, ar ei ymadawiad.[12]

Ond nid yw'n syndod iddo dderbyn yr alwad. Roedd yn un o werinwyr llawr gwlad. A phan ddaeth galwad i weinidogaethu eglwysi Beulah a Bryn-mair, a'r posibilrwydd o dŷ, derbyniodd yn llawen. Ond nid cyn ymgynghori â Miss Lydia May Morris, ei gariad, a drigai ar y pryd ym Mhen-y-bont ar Ogwr!

Ganwyd hi ar 17 Tachwedd 1896 yn un o wyth o blant David Rees a Mary Ann Morris, Siop Glandŵr. Adnabyddid y teulu fel un nodedig o gerddorol. Roedd ei thad, D. R. Morris, yn ddyn llawn yn ei gylchoedd—yn arweinydd y gân i'r plant ac yn athro Ysgol Gân yr eglwys. Mynnai gywirdeb a ffyddlondeb. Adroddodd Frances Davies (chwaer Tegryn Davies) wrth Llinos Harries amdani'n canu mewn eisteddfodau ac yn cymryd rhan mewn drama. A thystiodd fod cysylltiadau agos rhwng y ddau deulu:

> Roedden ni'n mynd i'r siop fel 'sa ni adre, we ni'n cael cinio yno fynycha ar ddydd Sul, ond we ni'n gorfod mynd adre i odro.

Dysgodd Lydia May chwarae'r piano. Ac meddai mewn erthygl bapur newydd ar 9 Chwefror 1967:

> Pan oeddwn yn ferch fach fy unig uchelgais oedd cael bod yn athrawes ysgol. Roeddwn i am fy ysgol fy hun, bwthyn bach â gardd, a cherddoriaeth. Doeddwn i ddim yn meddwl am briodi chwaith ac roedd hynny'n cael ei ystyried yn beth hynod yr adeg honno.[13]

Gwyddys mai priodi a wnaeth a chael y cyfle i ddysgu plant a phobl ifanc Eglwysi Beulah a Bryn-mair a'r cylch yn

[12]D. O. Morgan, Ysgrifennydd, Gair i'r Eglwys a'r Gynulleidfa, *Adroddiad Eglwys Annibynnol Ebenezer Tonypandy 1933*, Robert Davies a'i Gyf., Tonypandy, 1934.

[13]Mrs Tegryn Davies, Cyfweliad â Marian Jones, *The Western Telegraph*, 9 Chwefror 1967.

gyffredinol. Ond nid cyn mynychu dosbarth llaethyddiaeth yn Neuadd y Farchnad, Crymych, ac ennill ysgoloriaeth i astudio llaethyddiaeth ym Mhrifysgol Cymru, Aberystwyth er mwyn gofalu am fusnes y teulu.

> Rwy'n ofni nad oeddwn i yn dda iawn wrthi oherwydd roedd yn well gen i ddarllen cerddoriaeth, a hynny a wnawn ar bob cyfle oedd ar gael.[14]

Ond ceir tystiolaeth gan Llinos Harries a Dic Jones iddi lwyddo yn y byd hwnnw hefyd!

Yn ystod Gwanwyn 1925, symudodd y teulu a wasanaethodd gymaint o ardal ac Eglwys Glandŵr i sefydlu busnes ym Mhen-y-bont, sef D. R. Morris & Sons, Ffatri Ymenyn. Tybed ai'r ffaith bod Lydia May ym Mhen-y-bont sy'n esbonio pam y derbyniodd Tegryn Davies alwad i Donypandy yn hytrach nag i un o'r tair eglwys arall a'i gwahoddodd. Yn ôl y teulu byddai'n manteisio ar bob cyfle i ymweld â May ym Mhen-y-bont. A thystiodd y teulu wrth Llinos Harries iddynt fod yn gariadon yn Ysgol Gynradd Glandŵr. Boed hynny ai peidio nid oedd am ddychwelyd i'r gorllewin hebddi hi! Pan dderbyniodd Tegryn Davies yr alwad i Beulah a Bryn-mair ymhen dwy flynedd rhaid oedd ymgynghori â Lydia May Morris. Dywedodd wrthi y derbyniai ef yr alwad ar yr amod ei bod hi'n ei briodi. Priodasant ar 21 Awst 1933 yn y Tabernacl ym Mhen-y-bont ar Ogwr:

> Roedd hi'n briodas fawr . . . Y gwas priodas oedd y Parchedig W. E. Anthony, Treorci . . . a'r morwynion oedd Mollie, Doris a Mona, sef, nithoedd May.[15]

Yn ôl y Dystysgrif Briodas yr oedd ef yn 37 oed yn priodi a hithau yn 36 oed. Medd Dic Jones ymhen blynyddoedd yn *Namyn Bugail*:

> Os bu priodas erioed y gellid dweud amdani iddi gael ei threfnu yn y nef, priodas Tomi Aberdyfnant, ym mhlwyf Eglwysfair a

[14]ibid.
[15]Llinos Harries, *Traethawd Diploma Prifysgol Cymru*, Coleg Harlech, 1990, t. 63.

Churig, Hendy-gwyn ar Daf, â [Lydia] May, Siop Glandŵr oedd honno, er mai fel 'fe' a 'hi 'ma' y cyfeiriai'r naill at y llall yn gyson.

Cyn pen mis, ar 14 Medi 1933, sefydlwyd ef yn weinidog Beulah a Bryn-mair. Yr oedd popeth yn digwydd ar unwaith. Yn ôl Mary Jane Griffiths dywedodd ei ragflaenydd, D. Dalis Davies:

> Gweinidog newydd yn cael eglwysi newydd, gwraig newydd a char newydd yr un pryd!

Ac medd gwraig y gweinidog newydd mewn erthygl yn y *Western Telegraph* yn 1967:

> Doedd gen i ddim syniad pa mor glwm wrth fywyd y gymdeithas yr oedd yn rhaid i weinidog fod, ac yn naturiol, fe ddeuthum innau yng nghlwm hefyd.

Yn wir, yn ôl y Parchedig D. J. Roberts mewn erthygl deyrnged yn *Y Faner,* bu partneriaeth Tegryn Davies a'i briod yn bartneriaeth ddelfrydol. Dywed:

> Yn gyntaf ac yn bennaf, fel gwraig gweinidog Ymneilltuol yr adwaenir [hi] . . . Dyna fel y mae'n hoffi meddwl amdani ei hun ac felly y cofia Cymru amdani hefyd.[16]

Dengys Adroddiadau Eglwysi Beulah a Bryn-mair iddynt fyw yn Nhresilian, Aber-porth am bymtheg mis yn ystod 1933 ac 1934. Yn y cyfnod hwn y ganwyd eu hunig blentyn, Alun, yng nghartref rhieni ei fam yn 56, Heol Coity, Pen-y-bont ar Ogwr, ar 27 Gorffennaf 1934. Erbyn diwedd 1935 yr oeddynt yn byw yn 'Y Marian' ym Mhencartws, Aber-porth. Yr oedd David Thomas Evans, Trysorydd Eglwys Bryn-mair am 52 o flynyddoedd (1899-1951), a'i briod Mary, wrth ymddeol o fferm Ffynnon-wen, wedi codi dau dŷ helaeth newydd ynghlwm wrth ei gilydd. Ymddeolodd y ddau ohonynt i'r tŷ nesaf at

[16]D. J. Roberts, Mrs Tegryn Davies, *Y Faner,* Ebrill 6, 1979.

Sgwâr Pencartws, sef Llys Dewi, a symudodd Mr a Mrs Tegryn Davies ac Alun i'r llall, sef Y Marian. Talai'r ddwy Eglwys £10 yr un y flwyddyn am Tresilian a dyna'r union symiau a dalwyd am Y Marian tan 1957. Ac yna ni chododd y rhent wedyn ond i £30 yr un i'r ddwy eglwys! Mae'n amlwg bod Achos Eglwysi Beulah a Bryn-mair yn agos iawn at galonnau David a Mary Evans a bod teulu'r Marian yn gymdogion da.

Gwyddys i'w ragflaenydd gydnabod iddo wynebu ambell storm a thybed ai paratoi'r ffordd i'w gostegu yr oedd Tegryn Davies wrth ddweud yn ei Adroddiad Cyntaf ar ddechrau 1934:

> . . . os gellir sicrhau ysbryd cariad i fodoli rhyngom, gellir anghydweld heb anghytuno; a cheisio meddiannu yr ysbryd hwn, sef Ysbryd Crist, fyddo'n gweddi wrth ddechrau ein gwaith gyda'n gilydd.[17]

Nid cyd-ddigwyddiad yw ei ddatganiad oherwydd gellir dweud i sicrwydd iddo ddarllen anerchiad olaf D. Dalis Davies gan iddo gyfeirio ato yn ei ail ar bymtheg ar hugain a'r olaf o'i anerchiadau yntau fel Gweinidog Eglwysi Beulah a Bryn-mair ddiwedd 1969.

Y mae'n cydnabod yn ddiolchgar y caredigrwydd a amlygwyd gan bawb adeg y Cyfarfodydd Sefydlu ac yn diolch am groeso'r cyn-weinidog a fu'n trin y maes mor dda am dros ddeugain mlynedd. Diolcha am yr anrhegion priodasol annisgwyl ac am:

> . . . ddrws agored ac am brofi o'r caredigrwydd sydd yn deilwng o draddodiadau goreu gwlad.[18]

Nid oedd, wrth dreulio ei brentisiaeth ynghanol y Gweithfeydd, wedi anghofio sut i 'gyrraedd' pobl y wlad!

---

[17]T. Tegryn Davies, Anerchiad, *Adroddiad Eglwysi Annibynol Beulah a Bryn-mair 1933*, D. R. Davies, Castellnewydd Emlyn, 1934, t. 4.
[18]ibid.

Pennod 3

ADDOLI A PHREGETHU :

EI SYNIADAU YNGLŶN AG ADDOLIAD, LLE, PWYSIGRWYDD

THEMÂU AMLWG YN EI BREGETHU :

EI SYNIADAU YNGLŶN Â NATUR EGLWYS AC YNGLŶN Â'R
WEINIDOGAETH—LLE'R EGLWYS, GWAITH EGLWYS,
GALWAD EGLWYS

Magwyd Tegryn Davies yng Nglandŵr, Penfro lle roedd
traddodiad o ddiwinyddiaeth yr Undodwyr. Medd ei olynydd
James Henry Jones amdano:

> Efengyl gymdeithasol yn yr ystyr orau oedd ei Efengyl ond
> cyflawnodd fwy nag aml Galfin.

Cytuna'r Parchedig D. Hughes Jones:

> Yr Efengyl llesol i gymdeithas yn hytrach na'r orthodocs
> draddodiadol—yr Eglwys yn y byd, oedd ei Efengyl ef.

Ac medd y Parchedig Dewi W. Thomas:

> Yn sicr roedd ei bwyslais ar oblygiadau cymdeithasol yr Efengyl.

Cadarnheir hyn gan y Parchedig H. Iorwerth Jones:

> . . . arwain wnâi sgyrsiau Tegryn, yn amlach na pheidio, at
> gyflwr cymdeithas ei gyfnod a thybiwn mai dyna fuasai'r duedd
> iddo yn ei bregethau yn ogystal. Clywais ef yn dweud ragor nag
> unwaith mai cryfder cymdeithas a'i hangor oedd ei chymeriadau
> rhinweddol.

Yr oedd gweinidogaethau Ben Owen, Trewen, Bryngwyn a
Bethesda a Tegryn Davies yn ffinio. Yr oeddynt hefyd yn hanu
o'r un ardal yn yr hen Sir Benfro ac yn ffrindiau bore oes. Er
bod y ddau o anian gwahanol iawn yr oeddynt yn gyfeillion

mynwesol a dywed Ben Owen mewn erthygl yn *Tywysydd y Plant* bod cadernid ac addfwynder yn wyneb ei gyfaill. Byddai'n canfod dwyster ysbryd a hiwmor iach mewn cytgord ynddo a'i fod yn:

> . . . wyneb dyn â chanddo weledigaeth a llygaid sy'n tystiolaethu bod ganddo argyhoeddiadau mawr.[19]

Yn yr un erthygl dywed Ben Owen ei fod yn bregethwr da am fod ganddo neges, ac nad ofnai na gwg na gwên wrth gyflwyno'r neges honno. Dywed Ben Owen hefyd ei fod yn weinidog gofalus am ei fod yn caru ei bobl, ac yn goron ar y cwbl:

> . . . y mae'n ddyn ac yn gyfaill nad oes mo'i ragorach.[20]

Gwnaeth Tegryn Davies ei safbwynt am natur ac amcan eglwys yn glir o'r cychwyn. Meddai yn ei Anerchiadau am 1934 ac 1935:

> Bydded inni weld mai amcan yr eglwys yw meithrin dynion da a chymeriadau hardd i sylweddoli'r gymdeithas ddelfrydol; magu eglwys o'r tu mewn i'r eglwys, a fydd 'yn deg fel y lleuad, yn bur fel yr haul, ac yn ofnadwy fel llu banerog'.[21]

> Saif yr eglwys am yr ysbrydol a'r dyrchafol a'r da; a gwelir arwyddion gwasanaeth ac ymroddiad yng ngwahanol gylchoedd yr eglwys; gwir bod ambell un yn 'dilyn o hirbell'; doed y cyfryw yn nes at yr allor, ac yno, efe a dderbyn fendith; hefyd efe a fydd yn gyfrwng bendith i eraill drwy ei ymroddiad a'i wasanaeth ychwanegol yn yr Ysgol Sul, yr Ysgol Gân, y Cyrddau Gweddi, ynghyd â'r gwahanol gymdeithasau ereill a berthyn i'r eglwys.[22]

---

[19]Ben Owen, Yr Oriel, *Tywysydd y Plant : Cyfrol 2 Rhif 11*, Gwasg John Penry, Tachwedd 1955, t. 164.

[20]ibid., t. 166.

[21]T. Tegryn Davies, Anerchiad, *Adroddiad Eglwysi Annibynnol Beulah a Brynmair 1933*, D. R. Davies, Castellnewydd Emlyn, 1934.

[22]T. Tegryn Davies, Anerchiad, *Adroddiad Eglwysi Annibynnol Beulah a Brynmair 1934*, D. R. Davies, Castellnewydd Emlyn, 1935.

Ceir tystiolaeth bellach o'i gredo mewn recordiau o'r gwasanaethau a ddarlledwyd o Eglwys Beulah yn 1953 ac o Eglwys Bryn-mair yn 1959 ac yn ei anerchiad 'Y Weinidogaeth Heddiw' a draddodwyd yng Nghyfarfodydd Undeb yr Annibynwyr yn Burry Port yn 1961. Testun ei bregeth yn 1953 oedd:

> A bu, a hwy yn ymado oddi wrtho ef, ddywedyd o Pedr wrth yr Iesu, O Feistr, da yw i ni fod yma: a gwnawn dair pabell; un i ti, ac un i Moses, ac un i Elias: heb wybod beth yr oedd yn ei ddywedyd. [Luc 9: 33]

Yn ei sylwadau dywedai Tegryn Davies bod llawer cennad wrth bregethu ar y testun hwn yn gadael allan y cymal olaf. Ond iddo ef roedd y feirniadaeth ar Pedr y disgybl parod yn y geiriau, 'heb wybod beth yr oedd yn ei ddywedyd', yn allweddol. Mynnodd nad oedd Pedr, er cystal ei fwriadau, wedi amgyffred mawredd Iesu Grist. Dymuniad Pedr ar Fynydd y Gweddnewidiad oedd aros gyda'r profiadau ysbrydol a phethau gorau'r gorffennol am byth heb sylweddoli bod hynny'n amhosibl i Iesu Grist a'i ddilynwyr go iawn. Pwysleisiodd i ddechrau nad oedd angen tair pabell gan fod Iesu wedi dweud yn y Bregeth Fawr ar y Mynydd na ddaeth i'r byd i dorri'r gyfraith negyddol, a gynrychiolid gan Moses, na thorri gwirioneddau, proffwydoliaethau a gweledigaethau mawrion y proffwydi a gynrychiolid gan y proffwydi, ond i gyflawni. Mewn tâp o oedfa Beulah a Bryn-mair a ddarlledwyd ar 21 Mehefin 1953 dywed:

> Pa eisiai tair pabell sydd arno . . . O wneud un i'r Iesu a'i Efengyl fawr fe aethai Moses ac Elias i fewn yn rhwydd a chysurus i honno.

Pwysleisiai yn ail nad ar ben mynydd yr oedd cyflawni a gweithredu ymysg y cenhedloedd. A thra bod yr Iesu a'r tri disgybl ar ben y mynydd, yr oedd y naw disgybl arall, er bod eu hamcanion a'u bwriadau'n gywir, wedi methu iacháu'r bachgen hebddo:

Ond ceisient wneud y gwaith heb ddechrau yn y lle iawn. Y maent hwy yn amddifad o'r oedfa, y weddi a'r ymsancteiddio a'r gweddnewidiad a dyma nhw yn methu iacháu'r bachgen.

Yn ôl Tegryn Davies, ni phoenai Pedr ond am hapusrwydd y tri:

Ac anghofiodd Pedr am y deillion a'r byddariaid a'r cloffion ar wastadeddau bywyd ac yn ystrydoedd y ddinas. Byddai'r rhai hyn heb eu gwella pe cawsai'r disgybl hwn ei ffordd ei hunan i wneud Tabernacl i'r Iesu ar ben y mynydd.

Nid oedd yn synnu bod Luc wedi ysgrifennu nad oedd Pedr yn sylweddoli goblygiadau ceisio codi tair pabell a cheisio cadw yr Iesu ar ben mynydd:

Pe bai hynny wedi digwydd ni fuasai na Chapel nac Eglwys yn Sir Aberteifi nac yn unrhyw Sir arall. Efengyl Iesu Grist yn fethiant ar y dechrau fel yr oedd yn cael ei gweithredu gan y naw disgybl ar odrau'r mynydd.

I Tegryn Davies rhaid oedd i'r ysbrydol a'r ymarferol ddod at ei gilydd cyn y medrid gobeithio llwyddo:

Nid rhyw ddamwain ffodus ydoedd hi bod Mair a Martha yn ddwy chwaer. Rhaid i'r delfrydol a'r ymarferol fyw gyda'i gilydd yn yr un cartref ac yna mae'r Iesu yn galw heibio i gartrefi felly o hyd. A lle byddo hyn yn digwydd nid yn unig fe welir iacháu'r claf ond fe eir mor bell â chodi'r marw'n fyw.

Dyna yn sicr oedd ei ddaliadau gydol ei Weinidogaeth. Nid oedd meddiannu profiad ysbrydol, pa mor gyfoethog bynnag, yn ddigon. Rhaid oedd pregethu'r Efengyl i bawb ym mhob man:

Rhaid aros am y nerth o'r Ucheldir ond yn dilyn yn union cewch y gorchymyn i fynd allan i gyfieithu'r profiad hwnnw i ganol bywyd—ar ystrydoedd y ddinas, i'r ysgol ac i ysbyty, i faes ac i fasnach, i bwyllgor a chynhadledd, i senedd a chyngor.

A dyna wrth gwrs yn union yr hyn a wnaeth ef.

Roedd perygl arall i Tegryn Davies wrth godi Tabernacl ar ben mynydd a cheisio cadw yr Iesu y tu mewn i derfynau cyfyngedig gan fod pob clawdd ffin a therfyn yn cadw allan fwy nag a gaeir i mewn ganddynt. Mynnai nad oedd gan unrhyw enwad na gwlad fonopoli ar yr Efengyl Gristionogol.

> Ac onid ydym wedi bod yn dueddol i gadw'r Iesu y tu mewn i Dabernacl enwad ond arwydd o iechyd ydyw hi ein bod ni'n dod i weld yn fwy clir o hyd ei fod Ef yn rhy fawr i'w gau y tu fewn i Dabernacl Enwad . . . nid oes na ffin na therfyn iddo Ef.

Y mae un peth arall y mae'n rhaid ei nodi am yr Oedfa hon a ddarlledwyd o Eglwys Beulah. Yr oedd cantorion Beulah a Bryn-mair wedi dewis emynau a thonau â 'thipyn o fynd ynddyn nhw' fel bod y genedl yn clywed canu da. Ond mynnodd y gweinidog mai creu naws a bod yn ystyrlon oedd yn bwysig ac fe enillodd y dydd.

Testun ei bregeth yn y Gwasanaeth o Ewyllys Da a ddarlledwyd o Eglwys Bryn-mair mewn cydweithrediad ag Aelwyd yr Urdd ar fore'r Sulgwyn 1959 oedd:

> Wele, rhoddais o'th flaen heddiw einioes a daioni, ac angau a drygioni: . . . Galw yr wyf yn dyst i'th erbyn heddiw y nefoedd a'r ddaear, roddi ohonof o'th flaen di einioes ac angau, fendith a melltith: dewis dithau yr einioes, fel y byddych fyw, ti a'th had.
> [Deuteronomium 30: 15 a 19]

Dechreuodd drwy egluro mai pendantrwydd diamodol oedd yn y testun a'r Ysgrythur Lân yn gyffredinol ac mai'n anaml iawn y ceid yn y Beibl eiriau ac ymadroddion megis efallai, tybed, bwrw amcan, mwy na thebyg, digon posibl, anodd gwybod beth all ddigwydd, gyda lwc efallai y gellir tynnu trwodd ac mae llawer iawn i ddweud dros yr ochr hon a llawer iawn i'w ddweud dros yr ochr arall. Mynnai mai du neu wyn oedd y lliw ac nad oedd lle i'r llwyd a'r hanerog a'r gweddol. Y drwg neu'r da oedd y dewis o hyd. Yr oedd pob un naill ai dros neu yn erbyn, yn casglu gyda Iesu Grist neu yn gwasgaru, ac yr oedd pob pren yn bren da neu yn bren drwg. Cynigid dwy ffordd yn y testun ac yr oedd canlyniadau dewis y naill ffordd neu'r llall yn ddiamodol a phendant.

Aeth ymlaen i ddweud:

> Daioni yn golygu einioes a bywyd a drygioni yn esgor ar angau a difodiant . . . Ac y mae pob Calfaria yn profi fel y mae dyn wedi bod yn siomedig iawn yn ei ddewisiadau.

Iddo ef, er bod dewis dyn yn medru bod mor siomedig o bryd i'w gilydd, yr oedd Duw wedi gosod braint, anrhydedd a chyfrifoldeb ar ddyn drwy ganiatáu iddo'r gallu i ddewis hyd yn oed ynglŷn â'i amgylchfyd:

> Ynglŷn â'r amgylchfyd nid yw'r gallu i ddewis yn fawr ond rhaid ei fod yn ddigon mawr i wneud dyn yn ddyn ac nid yn beiriant.

Mynnai fod maes y frwydr rhwng y drwg a'r da yn enaid a chalon dyn, a daw ei safbwyntiau diysgog fel Heddychwr yn hollol eglur yn yr Anerchiad hwn hefyd:

> Yn ôl neu ymlaen yw'r dewis—cleddyfau neu sychau, gwaywffyn neu bladuriau, rhyfel neu heddwch, bwa saeth neu delyn.

Ac ar Ddydd Ewyllys Da credai y byddai gobaith pe cawsai'r ieuenctid eu ffordd:

> Pe gellid galw cynhadledd o bobl ifainc pob gwlad at ei gilydd . . . a rhoddi dewis Deuteronomium o'u blaen, nid oes unrhyw amheuaeth nad cydweithrediad a heddwch, daioni a bywyd, a fyddai eu dewis hwy.

Mynnai fod pob rhyfel, o dderbyn newyddion da yr Efengyl mai cariad yw Duw, a bod pob dyn o bob cenedl yn blentyn Duw a dyn i ddyn yn frawd, yn gyfystyr â chynnen deuluol.

> Teulu'n cwmpo mas ac yn dinistrio'i gilydd yw pob rhyfel yn y gwaelod.

23

Yr oedd adnoddau dihysbydd y byd heddiw yn ddigon i'w gadw neu ei ddinistrio yn unol â dewis dyn. Ffordd Iesu Grist oedd cadw bywyd drwy gysegru holl alluoedd cynhenid dyn i godi ffynidwydd yn lle drain a myrtwydd yn lle mieri yn unol ag Eseia 55: 13:

> Trefnu bod gwybodaeth a dyfais a dawn wedi eu cysegru i wasanaethu ac nid i ddinistrio a wna yr Efengyl . . . mae'r canlyniadau yn fwy clir heddiw nag erioed. Gweddïwn felly gyda mwy o angerdd nag erioed am i ras Duw gydio yn y dyn anianol a'i gysegru i burdeb a heddwch a chydweithrediad. Sancteiddier pob nwyd a phob dawn, pob dyfais a gwybodaeth. Felly daliwn i weddïo gydag Elfed, 'Drwy bob gwybodaeth newydd/ Gwna ·ni'n fwy doeth i fyw,/ A gwisg ni oll ag awydd/ Gwasnaethu dynol-ryw'.

Medd R. E. Griffith, Cyfarwyddwr Urdd Gobaith Cymru ar y pryd:

> . . . patrwm o anerchiad, a'r Adran a'r Aelwyd leol yn gadael yr hen rigolau ac yn arbrofi'n llwyddiannus i ddwyn elfennau newydd, megis canu telyn, canu penillion a chydadrodd, i mewn i'r gwasanaeth.

A gwyddys i Dic Jones yn yr un gwasanaeth weddïo ar ffurf englynion:

> Arglwydd daioni'r flwyddyn,—cymoda'r
>   Cymydog â'i elyn;
>   Di, Geidwad anghredadun,
>   Atal Di wanc teulu dyn.
>
> Yn nyddiau'r drin bydd Di'n dŵr—i'th bobl,
>   A'th Babell yn swcwr;
>   Bydd loches rhag gormeswr,
>   Dyro nawdd i druan ŵr.
>
> Rho o hyd i blant pryder—dy nodded
>   Yn nydd eu cyfyngder;
>   Ac yn ei ofn, plŷg, ein Nêr
>   Y byd i ddweud ei bader.

Dig y byd, O! dwg i ben,—dilea
O'i deuluoedd angen,
Dros ein gwlad rho dy aden,
Er mwyn dy enw mawr. Amen.

Yn ei anerchiad, 'Y Weinidogaeth Heddiw',[23] a draddodwyd yng Nghyfarfodydd Undeb yr Annibynwyr ym Mhorth Tywyn yn 1961 bu Tegryn Davies yn bendant iawn ynglŷn â chyfrifoldebau'r Weinidogaeth i osod esiampl. Pwysleisiodd fod gweithredoedd yn medru siarad mor uchel fel nad oedd unrhyw genadwri eiriol i'w chlywed. Yn ei dyb ef rhaid oedd pregethu ar air a gweithred ond gan osgoi tair temtasiwn, sef y demtasiwn i dynnu sylw at yr hunan, y demtasiwn i eistedd 'nôl a'r demtasiwn i achwyn a chwyno o hyd. Ni syrthiodd ef i un o'r tair bagl. I'r gwrthwyneb, bu'n frwdfrydig a phenderfynol gan osgoi mynd i rigol, yn eithriadol weithgar ac egnïol— daliodd ati tan ei fod yn 73 mlwydd oed—ac ni fyddai byth yn fwriadol dynnu sylw ato'i hun yn hytrach na'r Efengyl.

Gwnaeth un arall o'i safbwyntiau diwinyddol yn glir yn yr Anerchiad hwnnw:

Rwy'n gobeithio . . . y medraf siarad a meddwl gyda pharchedigaeth am olyniaeth apostolaidd a dwylo esgob. Ond, onid olyniaeth tystiolaeth a gwasanaeth a defnyddioldeb yw'r olyniaeth apostolaidd? . . . y peth hanfodol yw ffyddlondeb ufudd i dystiolaeth yr apostolion.[24]

Yr oedd hynny lawer yn bwysicach iddo na medru olrhain achau hanesyddol yn ôl i'r apostolion cyntaf.

Yn nyddiaduron Owen Morris Owen sydd ym meddiant ei fab John Morris Owen, ceir cofnod o bedwar o destunau y pregethodd arnynt yn Eglwys Glynarthen yn ystod ei flynyddoedd cyntaf o weinidogaethu Eglwysi Beulah a Brynmair:

[23]T. Tegryn Davies, Anerchiad, Y Weinidogaeth Heddiw, *Llawlyfr ac Adroddiad Blynyddol Cyfarfodydd Blynyddol 1962*, Gwasg John Penry, 1962.
[24]ibid.

2 Hydref 1933, Cwrdd Diolchgarwch, Daniel 6: 1, 2 a 3; 10 Mehefin 1934, Cwrdd Bore, Genesis 28: 16, Cwrdd Nos, Luc 15: 28; 19 Mai 1935, Amos 9: 11.

Mynychodd Gyfarfodydd Chwarterol Cyfundeb Annibynwyr Ceredigion yn ffyddlon. Mae'r Llyfr Cofnodion (Cyfrol 5, 1932-1946) yn tystio iddo gael ei ddewis i'r Pwyllgor Gwaith ym Methel, Tal-y-bont, ym mis Ebrill 1935. Nodir iddo bregethu ar y pwnc 'Arwriaeth y Cenhadon' ym Mrynrhiwgaled ym mis Mawrth 1934. Pregethodd hefyd yn Horeb, Llandysul ym Mai 1935, ym Mhisgah ym mis Hydref 1935, yn Soar, Llanbadarn Fawr ym mis Mai 1939 ac yn Esgairdawe ym mis Mehefin 1942. Ac nid yw'n annisgwyl iddo, yn y Tabernacl, Llechryd ym mis Gorffennaf 1935, ddarllen papur ar 'Y Dirwasgiad Diwydiannol'. Yn ôl y cofnodion:

> . . . a chafwyd ganddo Bapur manwl a chynhwysfawr. Gosododd o flaen y Gynulleidfa bictwr byw a chlir o effeithiau dolurus y Dirwasgiad yn nhrefi ac ardaloedd diwydiannol Morgannwg.[25]

Pregethodd hefyd yn Seion, Llandysul, ym mis Medi 1938, ar y testun 'Tystion Crist'. Mae gwerthfawrogiad diddorol yn y cofnodion:

> Cafwyd ganddo bregeth gref yn amlygu meddylgarwch dwys. Pwysleisiai yr angen am dystion heddiw i sefyll yn erbyn materoliaeth ein cyfnod.[26]

A hynny yn 1939! Dengys y cofnodion iddo hefyd cyn pen deunaw mis gefnogi cyhoeddiad a gwerthiant 'llyfrau'r dathlu' deirgwaith. Dyma un cofnod:

> Erfynai am i'r Eglwysi, trwy y gweinidogion neu'r Ysgrifenyddion, wneuthur eu rhan, er gwerthu'r llyfrau, fel y bydd Annibynwyr yn gwybod rhywbeth o hanes eu henwad a'i arwyr.[27]

[25]*Cofnodion Cyfarfod Chwarterol Annibynwyr, Ceredigion, Cyfrol 5, 1932-1946*, Tabernacl, Llechryd, Mai 14/15, 1935.
[26]ibid., Medi 20/21, 1938.
[27]ibid., Mawrth 7/8, 1939.

Mae cofnod iddo bregethu yng Nghyfarfod Chwarter Cyfundeb Annibynwyr Aberteifi yng Nghapel Crannog ar 17 Tachwedd 1947. Y testun a roddwyd iddo oedd 'Cymhellion Cristionogol' a chododd ei destun o 2 Cor. 5: 14. ac meddai:

Yr arwydd sicraf ein bod ar y ffordd i waered yw ein bod yn tynnu llai oddi wrth ein cymhellion Cristnogol nag arferem. Nid oes ystyr i gymell ond mewn dyn a hwnnw'n ddyn rhydd... Cesar yw'r gwanaf o bawb am fod ei nerth yn dibynnu ar rywbeth y tu allan iddo, ac nid ar rinwedd a gallu mewnol... Rhai pethau sy'n cadw dyn yn gaethwas yw amgylchoedd cymdeithasol, barn cymdeithas ac arferion.[28]

Bu'n pregethu hefyd yng Nghyfarfod Chwarter Cyfundeb Annibynwyr Aberteifi yn Eglwys Bethel, Tal-y-bont ar 5 Rhagfyr 1956. Ei bwnc oedd 'Y Mabwysiad' a chododd ei destun o Rhufeiniad 8: 14 a 15. Yn ôl y cofnodion:

Fel y gellid disgwyl cawsom gan Mr Davies bregeth oleuedig a gwir ysbrydol yn dangos arwyddion myfyrdod gofalus a thrwyadl. Yr oedd yn bregeth o wead clòs a chyfansoddiad sicr a diogel. Gresyn nas caem berswâd arno i gyhoeddi'r bregeth yn y *Tyst* neu'r *Dysgedydd*. Bu'n wir ysbrydoliaeth i bawb ohonom fu'n gwrando. Bu nifer o'r brodyr yn mynegi'r diolchgarwch cynhesaf i Mr Davies gan gydnabod ein dyled i'r gweithiwr difefl hwn am gyfraniad mor werthfawr.[29]

Ceir cofnod iddo hefyd annerch y Cwrdd Chwarter a gynhaliwyd yn Eglwys Towyn, Ceinewydd ar 24 Tachwedd 1954. Ei destun oedd, 'Y Diwygiad a Cheinewydd'. Yr oedd, yn ôl y cofnodion, yn 'anerchiad byw iawn'.[30]

Dro arall bu'n pregethu ar y pwnc 'Tröedigaeth' ac yn ôl y cofnodion yr oedd yn bregeth 'wir eneiniedig'.[31]

[28]W. R. Bowen, Cofnodion Cyfundeb Ceredigion, Capel Crannog, 19 Tachwedd 1947, *Llyfr Cofnodion Cyfarfod Chwarterol Annibynwyr Ceredigion*.

[29]ibid., R. Anthony Davies, Ysgrifennydd, Cofnodion Cyfarfod 5 Rhagfyr 1956.

[30]ibid., D. M. Davies, Ysgrifennydd, Cofnodion Cyfarfod 24 Tachwedd 1954.

[31]ibid., R. Leonard Hugh, Cofnodion Cyfarfod Chwarter Ebeneser, Castellnewydd Emlyn, 30 Medi 1959.

Yr oedd yn ffyddlon i'r Cyrddau Chwarter. A siaradai. Er enghraifft, ym Mrynrhiwgaled ym mis Medi 1953 pwysleisiodd:

> . . . werth a gwasanaeth yr Ysgol Haf a theimlai y dylesid gwneud mwy o sylw ohoni hi gan Eglwysi'r Cyfundeb.[32]

Ond un peth oedd mynychu'r Ysgol Sul. Disgwyliai i'w braidd fynychu'r oedfaon a'r gwahanol gyfarfodydd yn gyson. Cadarnhawyd hyn hefyd gan ei fab Alun. Os oedd aelod mewn iechyd da nid oedd cyfrannu yn ddigon:

> Y mae y gras o haelioni yn amlwg yn y ddwy eglwys yn weddol gyffredinol . . . mae rhai aelodau yn rhoi o'u heiddo, ond er eu bod i bob golwg yn ddigon iach, anfynych y rhoddant eu presenoldeb yn y gwahanol gyfarfodydd.[33]

> Trist ydyw gweled fod rhai aelodau hefyd sy'n bodloni ar anfon eu cyfraniadau heb ymdeimlo â'u cyfrifoldeb i gyd-ymgynnull mewn na chwrdd nac oedfa, a hwythau'n ddigon iach a heini, ac wedi addo gwneud hynny yn y gorffennol.[34]

Roedd mynychu oedfaon yn bwysig iddo. Pregethai dair gwaith y Sul. Patrwm yr oedfaon oedd Oedfa'r Bore neu Oedfaon Prynhawn a Hwyr yn y ddwy Eglwys am yn ail. Nid pawb a gytuna am gryfder ei bregethu. Y gorau y medrai'r aelodau a ddisgwyliai'r ffurfioldeb traddodiadol o godi testun a dwrdio mawr a drama wrth fynd i hwyl tra'n ymdrin â thri phen ei ddweud amdano oedd ei fod yn fugail da a phregethwr gweddol. Ond cofia Kenneth Jones amdano:

> . . . yn mynd i hwyl ar Sul Cymundeb yn y 40au.

Yr oedd ef yn gwbl wahanol i'w ragflaenydd. Nid heddwas i'w ofni ac a gadwai bellter yn nhraddodiad y Presbyteriaid

[32]ibid., D. M. Davies, Cofnodion Cyfarfod Chwarter y Cyfundeb ym Mrynrhiwgaled, 19/20 Mai 1953.

[33]T. Tegryn Davies, Anerchiad, *Adroddiad Eglwysi Annibynnol Beulah a Brynmair 1935*, D. R. Davies, Castellnewydd Emlyn, 1936.

[34]T. Tegryn Davies, Anerchiad, *Adroddiad Eglwysi Annibynnol Beulah a Brynmair 1962*, Gwasg John Penry, Abertawe, 1963.

mohono ond bugail tawel, agos, â llais melfedaidd ac un a ddeallai ei braidd. Ei weithredoedd oedd ei huodledd ef. Medrai y Parchedig D. J. Evans ei ddisgrifio ag un gair:

Llednais—sydd, yn ôl y Geiriadur Mawr, yn cwmpasu mwyn, bonheddig, gwylaidd, diymffrost a diymhongar.

Ond roedd ganddo'r rhuddin a'r dewrder i ymgyrchu a dal ei dir. Techneg dawel a naturiol oedd ei dechneg ef. Yr oedd yn rhy naturiol a thawel i foddio rhai. Credai'r rheiny, oherwydd nad oedd yn taranu'n gyson o'r pulpud, nad oedd ganddo fawr i'w gyflwyno, fel y tystia Lyndon Lloyd:

Doedd ei arddull gymen a'i bregeth fer o gasglu syniadau at ei gilydd ddim yn mynd i lawr yn dda gan rai. Ac roedd hi'n well gan Curig ac yntau bregethu yn y wlad nag yn y dre.

Ac yr oedd rhai o'r genhedlaeth hŷn a eisteddai yn y cefn yn cael peth anhawster i glywed pob gair, yn enwedig yn y chwedegau. Darllenai yn eglur ac ystyrlon gan adael i harddwch naturiol yr iaith drosglwyddo'r gwirioneddau mawr. Nid oedd yn bregethwr cyrddau mawr. Arddull gynnil, gartrefol a storïol oedd ei arddull ef. Roedd ei genadwri'n amserol a pherthnasol ac ni fyddai byth yn faith—ugain munud ar y mwyaf. Yr oedd ganddo gof da. Nid oedd angen nodiadau manwl arno wrth bregethu. Byddai rhestr o bennau ac ambell ddyfyniad yn ddigon. Manteisiai ar gyfle i bigo cydwybod! Pan aeth rhai o fechgyn Beulah mewn lorri i Aberteifi i gasglu'r pared pren i'r Festri Goffa newydd yr oedd Tegryn Davies gyda nhw ac yn dilyn y lorri adref yn ei gar. Disgwyliai'r bechgyn iddo droi am Aber-porth ym Mlaenannerch a wedyn medrent alw yn Nhafarn Gogerddan am 'hanner bach' heb iddo eu gweld. Ond eu dilyn hyd Sgwâr Gogerddan a wnaeth ac yna troi am Aber-porth ac wrth gwrs fe welodd y lorri yn aros. Yn ôl William Davies, y Sul wedyn diolchodd i'r gweithwyr am eu cydweithrediad parod a dweud:

Wn i ddim yn iawn pa bryd y gwnaethon nhw gyrraedd adre ond mi roedden nhw wedi gadael Aberteifi'n gynnar.

Mewn llawer ystyr roedd Tegryn Davies yn ddyn o flaen ei oes. Myn Iwan Davies, Margaret Davies, Omri James, J. Emrys Jones a Sally Parry Jones, pump a fu o dan ei weinidogaeth, fod Tegryn Davies wedi egluro'r modd yr oedd yr Efengyl yn berthnasol a chanolog i fywyd bob dydd. Cofia Rhys Thomas amdano wrth bregethu ym Mwlch-y-groes, ger Ffostrasol, yn darllen 'Y Das Wair'[35] gan Crwys ac yn pwysleisio bod y natur ddynol yn barod iawn i dderbyn clod a chanmoliaeth, haeddiannol neu beidio, ond peth arall oedd cydnabod ac ysgwyddo cyfrifoldeb os neu pan âi rhywbeth o'i le:

> Bu'r aelodau'n siarad yn hir am y bachgen a ddywedodd wrth Joseph Thomas, Carno, 'Fi, Syr, fi fu'n codi honna' pan oedd y das wair yn edrych yn dda ond a fynnai, pan chwalwyd y das wair gan storom, 'Roe' ni'n dri, a dweud y lleiaf, wrthi'n codi'r das wair honno.'

Byddai'n sôn am ddigwyddiadau yn yr ardal neu hanesion o'r papurau dyddiol ac yn eu rhoi yng nghyd-destun yr Efengyl gan greu homilïau allan o ddeunydd cyffredin. Rhoddai'r gwirioneddau mawr mewn cyd-destun gwahanol i bawb arall a'u pregethu gydag arddull blaen a naturiol. Mae'r cyfraniadau amrywiol a gwahanol a geir gan gyfranwyr 'Munud i Feddwl' neu 'Dweud eu Dweud' ar y radio yn y boreau yn atgoffa rhywun o nod Tegryn Davies. A gwyddys fod angen diwinydd craff ac effro i gydio mewn digwyddiadau pob dydd er mwyn trosglwyddo'r neges. Llwyddai i gyffwrdd y gynulleidfa heb fod yn sentimental. Roedd bob amser yn fonheddig yn y pulpud a phwysai a mesurai ei eiriau a'i frawddegau'n ofalus. Dyna hanfod cyfathrebu'r gwirioneddau mawr yn ystyrlon. Cofia Mair Woolley amdano'n cael te prynhawn Sul gyda nhw a hithau wedi adrodd stori am aelod yn torri ffynnon newydd a thros dro wedi dwyn dŵr o ffynnon ei gymydog:

> 'Ffynnon Jacob' oedd ei destun y noson honno!

Cofia William Davies am ei genadwri pan ddaeth un o'r Saeson mewnfudol cyntaf i fyw i dŷ ger y Marian a dechrau

[35]Crwys, 'Y Das Wair', *Cerddi Newydd Crwys*, Hughes a'i Fab, 1924, t. 101.

torri'r lawnt ar y Sul. Ymhen rhai Suliau roedd ambell Gymro cynhenid yn torri ar heddwch y Saboth. Meddai Tegryn Davies:

> Dwy i ddim yn beio'r Sais—dyw e ddim yn gwybod yn well ond rwy'n synnu at y Cymry gan y dylasen nhw wybod yn well.

Ond mynnai na fedrid osgoi'r ddyletswydd i gyflawni rhai gorchwylion hyd yn oed ar y Sul. Yn ôl Iwan Davies:

> Soniai o hyd nad oedd y fenyw fach a arferai fyw yn No 2 Brick Row, Llanfyrnach yn siŵr o roi dŵr i'r fuwch ar ddydd Sul. Roedd e'n ofni nad oedd fawr o Gristiongaeth mewn peth felly.

Yr oedd yn siomedig yn y duedd gynyddol ddiwedd y pumdegau a gydol y chwedegau i gynaeafu ar y Sul, yn enwedig pan na fyddai sicrwydd o dywydd. Ond gwyddys i gymydog weld Mrs Davies yn tynnu cwrens duon ar y Sul ac iddi egluro na fuasai hi yn gwneud ar y Saboth oni bai 'ei fod e wedi pwyso arni i wneud gan fod yr adar yn eu bygwth'!

Dwrdiai'r papurau Sul a byddai'r pechaduriaid yn eu cuddio rhagddo! Nid oedd yn hoff o 'gomics' chwaith! Meddai wrth D. Hughes Jones:

> Nid yw'n syndod na fegir to arall o weddiwyr cyhoeddus. Iaith y 'comic cuts' yw iaith y mwyafrif.

Bu David Albion Davies, Troedyraur, a'i dad, sef Samuel Lewis Davies, a fu'n Ysgrifennydd neu yn Drysorydd Eglwys Beulah yn ddi-fwlch am hanner can mlynedd o'i flaen, yn Drysoryddion Eglwys Beulah gydol gweinidogaeth Tegryn Davies ac yn naturiol byddai'r gweinidog yn galw i'w gweld yn rheolaidd. Ac yn ôl Megan Davies ei briod:

> Byddem yn cuddio 'Topper' Islwyn pan fyddai e'n dod. Doedd dim sothach i fod!

Byddai'n dyfynnu barddoniaeth ac yn cyfeirio at gerddoriaeth oherwydd credai mai un arwydd o ddiwylliant oedd y gallu i roddi celfyddyd yn ei gyd-destun. Meddai yn y Tâp o Oedfa Beulah a Bryn-mair:

> . . . [mae'r] gŵr a fedrai ddefnyddio darn o lenyddiaeth i fynegi ei feddwl yn berchen ar ryw gymaint o ddiwylliant . . . y rhai a ddefnyddiant ddarn o adnod neu weithiau unrhyw ddarn arall o lenyddiaeth i fynegi eu meddwl a'u teimladau.

Yn ôl Sally Parry Jones, byddai Tegryn Davies yn dyfynnu beirdd Saesneg megis Burns a Wordsworth. Darllenai 'If' gan Kipling yn rheolaidd, a chyfieithiad Cymraeg ohono, a dyfynnai gwpled enwog 'What is this life so full of care / We have no time to stand and stare', W. H. Davies, y Trempyn-Fardd o Gymro, yn aml.

Nid ystyrid ef yn bregethwr diwinyddol dwfn a chofir i Llewelyn Powell, Ysgrifennydd Eglwys Beulah am 34 blynedd (1926-1960) ddweud droeon nad oedd angen tebot mawr i lenwi cwpanau bach! Yn rhyfedd iawn, gofidiai'r gweinidog yntau am ddeallusrwydd a chrebwyll ei gynulleidfa! Cofia J. Emrys Jones amdano'n dweud wrtho ei fod yn holi'i hun yn aml a oedd hi yn werth paratoi. Ond deuai i'r penderfyniad ei bod:

> Pan fydda i'n gweld Powell tu flaen a chi tu ôl, ac ambell un arall, rwy'n teimlo ei bod hi'n werth paratoi i'r ychydig.

Llwyddai, drwy annerch yn naturiol a heb draethu'n faith, i fod yn ddiddorol, cyson a gonest. Yn ôl Omri James:

> Os oedd ganddo rywbeth i'w ddweud byddai'n ei ddweud e o'r pulpud.

Roedd J. Emrys Jones yn ei ystyried yn gyfathrebwr da a fyddai'n cyplysu'r Efengyl â bywyd bob dydd:

> Hyd yn oed nawr dw i ddim yn deall beth mae llawer iawn o bregethwyr yn ceisio'i ddweud.

Yn ei dyb ef yr oedd, o edrych yn ôl, yn amlwg mai sosialydd oedd Tegryn Daves yn y bôn:

Roedd perthynas dyn â'i gyd-ddyn yn bwysig iddo a heriai ni i ystyried sut oedd pethau 'ar Abel fy mrawd'.

Cadarnheir hyn gan Kenneth Jones:

Rwy'n credu ei fod yn sosialydd rhonc ond pleidleisiai i'w gyfaill mawr Roderic Bowen yr aelod seneddol rhyddfrydol. Ac roedd hi'n anodd arno pan enillodd Elystan Morgan y sedd i Lafur a phan oedd ei nai Ednyfed Hudson Davies yn Aelod Seneddol Llafur Conwy.

Dywed Ednyfed Hudson Davies yr un peth am ei dad:

Credai fod tynged y ddynoliaeth yn dibynnu ar y ddynoliaeth ei hun. Iddo ef, rhywbeth hollol ymarferol oedd ei ffydd grefyddol, ac nid oedd ganddo amynedd â'r syniad fod cred yn bwysicach na gweithred. Credai fod perygl ailadrodd y geiriau 'Er mwyn Iesu Grist' yn rhy fynych o lawer, ac anwybyddu'r ffaith mai hanfod neges Iesu o Nasareth, fel y credai, oedd pwysigrwydd ymdrechu er mwyn pobl. Roedd yn gas ganddo wastraff o unrhyw fath. Pregethodd lawer am anfoesoldeb gwastraffu adnoddau mewn byd lle'r oedd prinder a newyn, a chas hefyd oedd ganddo unrhyw fath o anghyfiawnder. Yn hyn o beth yr oedd yn sosialydd . . .[36]

Y mae'r un peth yn wir am ei frawd Tegryn Davies. Edrychai Tegryn Davies ar ei weinidogaeth fel cyfle i ymdrechu er mwyn pobl, ac wrth wneud hynny, gwyddai ei fod yn dilyn llwybr yr Arglwydd Iesu Grist ei hun. Yn ôl ei fab:

Ceisiai ddefnyddio ei holl alluoedd a'i amser—a phob un arall— i helpu'r hil ddynol.

Cofia J. Emrys Jones am Tegryn Davies yn pwysleisio gwerth cariad yn ein perthynas â'n gilydd a thanlinellu na ddylid beirniadu'n gibddall am y medrai glaswelltyn yn union o flaen y llygad guddio mynydd:

[36]Ednyfed Curig Davies, *Curig*, Golygydd Huw Ethall, Tŷ John Penry, Abertawe 1992, t. 29.

Rhybuddiai ni i ochel rhag bod gwendid bach ym mhersonol-iaeth yr un ohonom yn ein rhwystro rhag gweld rhagoriaethau eraill.

Pregethodd droeon, o Fathew a Luc, ar 'Na fernwch fel . . .' Mae'r genadwri honno yn un o'i anerchiadau:

Diolchwn am y lliaws mawr sydd yn ceisio gwneud yr eglwys yn Gorff Crist—rhywrai sydd â digon o argyhoeddiad a sylwedd yn eu crefydd—digon o deyrngarwch i Grist i dynnu'r trawstiau o'u llygaid eu hunain, ac yna i weld yn eglur y brycheuyn sydd yn llygad brawd, a gwneud yr eglwys yn fendith i ddynion. [37]

Byddai'n cyfeirio'n aml at ddameg y Mab Afradlon. Yr oedd cydymdeimlad ambell un ym Meulah gyda'r mab hynaf oherwydd credent na fyddai dim ar ôl i ddarparu gwledd oni bai amdano ef. A byddent yn haeru hynny'n agored y tu allan i'r Capel ar ôl yr oedfa. Ond roedd cydymdeimlad Tegryn Davies gyda'r mab ieuengaf afradlon. A chofia Margaret Davies mai'r unig gwestiwn iddo ef oedd:

A yw'r plygu'n dod cyn y gweddïo neu ar ôl y gweddïo?

Cynghorai ei gynulleidfa i beidio â rhwystro neb rhag siarad rhag ofn y byddai un berlen o ddoethineb ymysg yr amherthnasol a'r annoethineb! Ni fynnai inni fod yn gibddall i rai datblygiadau seciwlar. Defnyddiai recordydd tâp i recordio oedfaon er mwyn i aelodau na fedrent fynychu eu clywed. A chwaraeai'r tapiau yng Nghartref yr Henoed (Yr Hafod) yn Aberteifi. Roedd yn un o Gynghorwyr Sir Aberteifi ar Bwyllgor Rheoli yr Hafod a bu'n Gadeirydd am flynyddoedd. Dyma enghraifft o'i benderfyniad i gyfuno cyfrifoldebau gweinidog a Chynghorydd Sir a manteisio ar bob cyfle i wasanaethu.

Ceisiai weld y gorau ym mhawb. Dehonglai ddameg 'Porthi'r Pum Mil' yn wahanol i bawb arall. Iddo ef bu'r porthi'n bosibl am fod y dorf hefyd wedi rhannu yr hyn oedd

[37]T. Tegryn Davies, Anerchiad, *Adroddiad Eglwysi Annibynnol Beulah a Bryn-mair 1943*, D. R. Davies, Castellnewydd Emlyn, 1944.

ganddynt. Mynnai fod digon o bopeth i bawb yn y byd hwn dim ond iddynt gael eu rhannu'n deg.

Anogai aelodau i blygu i'r drefn weithiau drwy ddweud mai'r goeden a blygai oedd yr un a ddaliai'r storm ac y llwyddai'r frwynen hyblyg weithiau lle methai'r dderwen styfnig. Cadernid gwraidd y frwynen oedd yn bwysig. Roedd yn ddamhegwr da iawn. Yn ôl Lyndon Lloyd, i ddangos bod rheidrwydd arnom oll i newid ac addasu o bryd i'w gilydd, eglurai fod y tymhorau yn newid a bod:

> cot a mwffler yn iawn i dorri coed yn y gaeaf ond nid i gynaeafu ym mis Awst.

Rhoddai'r pwys pennaf ar gyfrifoldeb yr unigolyn gan fynnu bod pob person i raddau helaeth yn rheoli ei fywyd ei hun. (Ac fe gofir byrdwn ei genadwri yn y Gwasanaeth Ewyllys Da.) Yn ôl Margaret Davies:

> Mynnai nad yr hawl i wneud fel y mynnom yw rhyddid ond y cyfle i wneud fel y dylem.

Cofia hi hefyd amdano'n dweud bod llawer iawn o dynged pawb yn eu dwylo'u hunain ac nad oedd unrhyw bwynt i'r sawl a benderfynai redeg yn ddirybudd allan o flaen modur i weddïo ar Dduw am gael ei achub rhag y ddamwain anochel. Yr un oedd ei athroniaeth pan fyddai'n cynghori'r ieuenctid a wynebai arholiadau ymhen rhai misoedd:

> Does dim pwynt gweddïo ar Dduw am help mewn arholiadau a ninnau heb baratoi. Y peth i wneud oedd gofyn i Dduw ein helpu i baratoi.

Ond gwnâi hi'n glir mai un peth oedd llwyddo ym myd addysg:

> Carem, pe bai gofod, i longyfarch llawer iawn o blant yr Eglwys ar eu llwyddiant ym myd addysg a gwaith. Hyderwn fod yr un llwyddiant yn hanes pob aelod, ym myd daioni a rhinwedd. Hynny yn unig sydd yn cyfiawnhau gwaith yr eglwysi.[38]

[38]T. Tegryn Davies, Anerchiad, *Adroddiad Eglwysi Annibynnol Beulah a Brynmair 1937*, D. R. Davies, Castellnewydd Emlyn, 1938.

Yn ôl Margaret Davies pregethai foesau'r Beibl yn hytrach na ffeithiau moel:

Deuai â'r byd i'r Capel. Pregethai 'fywyd', nid 'pethau dydd Sul'.

Mae'n amlwg oddi wrth pob tystiolaeth mai ei nod oedd cynghori ei gynulleidfaoedd sut i fyw.

Codai destun weithiau ac yna bwrw bant i gyfeiriad arall. Yn ôl Sally Parry Jones byddai weithiau yn chwarae:

. . . ag un gair a'i droi i'r Saesneg, i'r Groeg a'r Lladin a ninnau'n dysgu llawer.

Ym marn Iwan Davies, Margaret Davies, Sally Parry Jones a Mair Woolley roedd greddf yr athro ynddo a byddai wedi gwneud athro da. Wele'r hyn yr oedd ganddynt i'w ddweud amdano:

Dysgai ramadeg wrth dynnu sylw at amser y ferf mewn adnod.

Dysgai ni i ddweud cant (nid un cant), dau gant, tri chant, . . . wyth gant, . . . er mwyn sicrhau cywirdeb wrth roddi emyn allan.

Fe arhosai ar ganol pennill wrth roddi ambell emyn allan er mwyn tynnu sylw at linell o gynghanedd ac egluro sut oedd ei hacennu'n gywir.

Cynghorai a dymunai'n dda i'r ieuenctid cyn iddynt fynd oddi cartref. Tanlinellai'r pwysigrwydd o ddewis y ffrindiau iawn a mynd i Gapel.

Cofia Idwal Edwards amdano'n anesmwytho mewn Cyfarfodydd Gweddi ym Mryn-mair pan fyddai:

rhai a ddylasai wybod yn well yn cam ynganu'r gair 'tragwyddol' neu'n ei dorri'n ddau air.

Byddai'n datgan o'r pulpud na fedrai neb ddweud iddo'i weld e yn cyffwrdd â'r ddiod feddwol. Yn ôl Omri James, honnai ym Meulah a Bryn-mair na fedrai'r un aelod ddweud ei fod wedi:

> . . . dechrau yfed er mwyn gwneud yr un fath â'i Weinidog.

Dywedai o hyd fod y ddiod yn gallu bod yn feistr cas. Yn ôl Alun ei fab:

> . . . roedd elfen ddinistriol y ddiod yn hollol wrthun iddo. Ac efallai bod mam yn fwy digyfaddawd nag ef.

Cofir amdano'n hyfforddi plant i adrodd mewn Cyrddau Dirwest ac yn eu cludo yno ac yn ôl yn ei Awstin 7. Trefnai Gyfarfodydd Dirwest ym Meulah ac yn ei flynyddoedd cyntaf anogai bobl ifainc Beulah i arwyddo'r *'pledge'* yn y Festri. Yn ôl Megan Davies dywedai:

> Os oedd alcohol yn y corff bod y cymeriad yn newid.

Yn anffodus mae'r llyfr hwnnw o addewidion wedi diflannu o'r Festri ers blynyddoedd.

Ond wrth gwrs sylweddolai Tegryn Davies nad yfed oedd yr unig bechod. Cofia Dewi W. Thomas amdano'n adrodd y stori am y Parchedig T. M. James yr 'Offeiriad Bach', yn ardal Glandŵr. Bu hwnnw'n or-hoff o'r ddiod ond rhoddodd y gorau iddi'n llwyr. Ac fe gofiai Tegryn Davies:

> . . . amdano yn pwyso'n drwm arno ef ac eraill i gymryd arian ganddo gan iddo benderfynu nad oedd am gadw'r arian a arbedai wrth beidio yfed a mynd yn gybudd.

A chofir am Tegryn Davies, wrth deithio yn ei gar o Aberporth i Beulah, yn codi person er y gwyddai'n iawn mai i Dafarn Gogerddan yr anelai. Gofynnodd iddo hyd ble yr oedd am reid a chael gwybod. 'Bachgen,' atebodd Tegryn Davies, 'Chi'n lwcus, fe fydda i'n dod 'nôl heibio ymhen rhyw awr ac fe gewch chi reid adref gen i eto er mwyn ichi gael bod adre'n gynnar'.

Roedd yn gefnogol iawn i'r casglu at y Genhadaeth a'r Arholiadau Ysgol Sul. Ef fyddai'n cyflwyno'r llyfrau a'r tystysgrifau i'r plant llwyddiannus a hynny yn y Cyrddau Plant. Cydweithredai Tegryn Davies ag athrawon Ysgolion Sul y ddwy Eglwys fel bod Cwrdd Plant yn y ddwy Eglwys bob mis. (Beulah yn y prynhawn a Bryn-mair yn yr hwyr.) Byddai'r plant yn mynd i fyny i'r pulpud ato i roi emyn allan, i ddarllen, i weddïo, i ganu ac i adrodd. Wedi cyflawni'r gorchwyl, dywedai wrth bob un bob tro yn ddieithriad, 'Da iawn chi, diolch ichi am fy helpu drwy gymryd rhan'. A byddai ganddo anerchiad pwrpasol bob amser. Manteisiai ar y cyfle i osod canllawiau. Nid oedd chwarae pêl-droed i fod ar y Sul. Pan ddigwyddai weld neu glywed am blentyn yn dwyn afalau o goeden ger y Sgwâr byddai'n canmol pob un a fedrai wrthod y demtasiwn. Cofir amdano'n adrodd am fachgen carpiog a golwg newynog arno yn oedi ger stondin ffrwythau a'r perchennog yn ei gyhuddo o ddisgwyl cyfle i ddwyn ffrwyth. Ateb y plentyn hwnnw yn ôl Tegryn Davies oedd, 'Na nid wy'n ceisio dwyn un o'ch ffrwythau ond yn gwneud fy ngorau i beidio!'. Byddai'n sicrhau gwrandawiad drwy ofyn cwestiynau.

Anogai'r rhieni i ddod â'u plant bach i'r oedfaon gan egluro ei bod yn llawer iawn gwell ganddo glywed sŵn plant bach mewn oedfa na sŵn papurau losin! Ond, fel y dywed Glyn Davies:

> . . . ni ddymunai i'r rhieni ddweud 'Ewch i'r Cwrdd' wrth eu plant, ond yn hytrach 'Dewch i'r Cwrdd'.

Yr un fyddai ei dacteg wrth geisio cael yr ifanc i fynychu digwyddiad arbennig. Dywed David Islwyn Lewis Davies amdano:

> Ni fyddai byth yn dweud bod rhaid inni fynd i gyngerdd ond yn hytrach gofyn a fyddai'n well i ni fynd—gyda'r pwyslais ar y ni.

Ni phylodd ei ddyheadau ac yn ei Adroddiad am 1968 mae'n awgrymu wrth nifer o rieni bod colli ffyddlondeb y plant yn golled fawr i Eglwys. Cyfeiria at yr Eglwys Babyddol y tro hwn gan ddatgan yn glir sut mae sicrhau dyfodol yr Eglwysi:

Fel y tystia'r Eglwys Babyddol—Ni all y plant fod yn wahanol i'w magwraeth gyson. 'Hyffordda blentyn ym mhen ei ffordd a phan heneiddia, nid ymedy â hi.' Diarhebion 22, 6. Diolchwn am y rhai sydd yn sylweddoli fod hyn yn penderfynu dyfodol yr Eglwysi.[39]

Rhoddai gyfle i blant ddweud adnodau mewn Cwrdd Pregeth. Yn ôl Lyndon Lloyd, ei ymateb i bob adnod bron fyddai:

'Wel! mae yna wers yn y fan yna'. Ac yna ymhelaethai'n fyr.

Cynhelid Parti Nadolig blynyddol i blant yr Ysgol Sul a mynnai brynu llyfrau Cymraeg yn hytrach nag anrhegion iddynt:

Rhagfyr 15—Yn Abertawe—yn prynu Llyfrau Nadolig.[40]

Ond cydnabyddai'r anrhegion eraill, megis orenau, afalau, siocledi a chreision, a gawsai'r plant gan wŷr a gwragedd busnes:

Diolchwn yn gynnes i'r rhai a gyfrannodd yn hael tuag at gyfarfodydd ac anrhegion y plant ar hyd y blynyddoedd.[41]

Cofir amdano yn trefnu bod pobl ifanc ac oedolion yn cymryd rhan:

Hydref 24—. . .Cwrdd Diolchgarwch Beulah. Yn y bore, y plant a'r bobl ifanc yn canu ac yn adrodd Awdl y Cynhaeaf (Dic Jones) Hydref 25—Yr un gwasanaeth eto ym Mryn-mair.[42]

[39]T. Tegryn Davies, Anerchiad, *Adroddiad Eglwysi Annibynnol Beulah a Bryn-mair 1968*, E. L. Jones a'i Fab, Aberteifi, 1969.
[40]ibid., Adroddiad 1961.
[41]ibid., Adroddiad 1967.
[42]idid., Adroddiad 1966.

Yn ôl Gwyneth Howells, byddai eitemau yn y Cwrdd Bore ym Mryn-mair ac yn y Cwrdd Nos ym Meulah. Yn wir, o dan arweiniad Mrs Davies, a oedd yn Brifathrawes yr Ysgol Sul yno, cadwyd yr arfer o eitem yn y canol tan y diwedd ym Mryn-mair.

> Roedden nhw'n tynnu pobl i'r Capel drwy ofyn iddyn nhw gymryd rhan.

Y mae Capel Bryn-mair wedi ei godi rhwng dau bentref. Yn ôl ei fab Alun:

> Os na fyddai cymhelliad ni fyddai'r aelodau yn mynychu. Felly byddai Mam yn trefnu Cwrdd Plant unwaith y mis, Cwrdd Ieuenctid ac Oedolion yn rheolaidd a Chwrdd Arbennig bob tro yr oedd Bedydd.

Yn ôl Iwan Davies yr oedd y cymryd rhan:

> . . . nid yn unig yn creu diddordeb mewn Cristionogaeth ond mewn barddoniaeth a llenyddiaeth.

Ac medd H. Iorwerth Jones:

> Ei hoff eiriau oedd, 'Dyma un ffordd o ennill diddordeb yr ifanc ac i godi gweithwyr yn yr eglwys'.

Ac o'u cael i'r oedfaon yr oedd gobaith, fel yr ysgrifennodd Tegryn Davies ei hun:

> Boed i gynulliadau ac arferion crefyddol esgor ar brofiadau crefyddol dwfn a chyfoethog.[43]

Gofynnai ar fyr rybudd weithiau i rywun wirfoddoli i roi emyn allan neu i ddarllen darn o'r Ysgrythur. Cofia Margaret Davies fel y disgwyliai i'r aelodau:

> . . . wybod trefn llyfrau'r Beibl. Collai'i dymer petai rhywun yn gofyn ar ba dudalen yr oedd llyfr neu bennod.

[43]ibid., Adroddiad 1940.

Gofynnai i gynulleidfaoedd gyd-weddïo Gweddi'r Arglwydd a chyd-weddïo drwy gyd-ddarllen emyn. Ceisiai sicrhau amrywiaeth ac osgoi mynd i rigol.

Gwyddys iddo fynd gam ymhellach a gofyn yn uniongyrchol i unigolion am eu barn ynglŷn â gwahanol agweddau ar y testun dan sylw yn ei bregeth. Fel y dywedodd Lyndon Lloyd:

> Defnyddiai'r Gynulleidfa nid i arbed amser—bod yn angharedig fyddai dweud hynny, ond i dynnu pobl i mewn.

Yr oedd clywed gwahanol safbwyntiau o gymorth iddo ddeall ac ehangu gorwelion ei gynulleidfa.

Mae D. J. Roberts[44] hefyd yn cadarnhau gweithgarwch Mr a Mrs Tegryn Davies yn gweini cysur ac yn gloywi ffydd pobl cefn gwlad drwy arbrofi gyda phatrymau addoliad a rhaglen waith eglwysig.

Mae Rhaglen Cwrdd Diwylliannol Beulah 1936/37 (Atodiad 1) yn eithriadol ddiddorol. Fe sylwir mai Tegryn Davies oedd y Cadeirydd ac fel y sicrhawyd cydbwysedd rhwng yr hŷn a'r iau a rhwng y profiadol a'r dibrofiad. (Gweler Rhagfyr 3, Ionawr 28, Chwefror 22, Mawrth 7.) Go brin y medrid cynnal Rhaglen o'r fath i ehangu gorwelion aelodau heddiw. Ac fe wnaed hyn yr adeg honno o dan gochl yr Eglwys.

Wrth weddïo byddai bron yn ddieithriad yn annog ei gynulleidfa i godi eu golygon, fel y dywed ar dâp Oedfa Beulah a Bryn-mair:

> Atat Ti yr hwn wyt yn llond pob lle a'th wyneb ym mhob man y ceisiwn ni godi ein golygon y bore hwn . . . Cyfarwydda ni i weld bod yna lwybr atat ti o bob man ac o bob cyflwr, a dysg ni i gofio na all ond calon falch gau'r llwybr hwn.

Trefnwyd 'Cystadleuaeth Dweud Emyn' ym Meulah a chofir iddi fynd ymlaen bob nos Lun am wythnosau. Gwyneth James a orfu yn y diwedd. Rhyfeddwyd pawb at frwdfrydedd a chof

---

[44]D. J. Roberts, Mrs Tegryn Davies, *Y Faner*, Ebrill 6, 1979.

y cystadleuwyr. Ac yr oedd rhai o'r gynulleidfa yn honni drannoeth eu bod nhw'n medru dwyn y geiriau i gof pan oedd y cystadleuwyr gorau'n methu! Gwelir Mair Woolley, a oedd yn un o'r cystadleuwyr, hyd heddiw yn canu emynau a'i Chaniedydd wedi'i gau o'r llinell gyntaf!

Cynhelid Cwrdd Gweddi ym Meulah bob nos Lun ac ym Mryn-mair bob nos Fawrth. Ac ym Meulah cofir o hyd am weddïau pobl fel John James, Capten Jones, John Harries Thomas, Henry Morgan, Phoebe Evans, Rachel Williams, Llywelyn Powell, Stephen James a John Evans. Ond dymunai'r gweinidog ddiogelu'r dyfodol a hynny â'i draed ar y ddaear. Sylwer ar y cyfeiriad at y Diwygiad:

> Yn niwedd 1939 a dechrau 1940 cawsom y fraint o weld deg o fechgyn ieuainc Beulah yn 'torri drwyddi' i weddïo'n gyhoeddus. Teg nodi nad unrhyw ddiwygiad teimladol a gyfrif am y ffaith eithriadol hon, ond yn hytrach rhyw ddeffroad i gyfrifoldeb cario'r achos ymlaen, a hynny drwy gymhellion y meddwl a'r ewyllys yn ogystal â'r teimlad. Ceir yr un nifer eto, ond nid yr un rhai i gyd, wedi cymeryd at y gwaith o 'ddechrau canu' yn eu tro.[45]

Dyna weld ymhell. Yn wir tystia'r atgofion am y cyfarfodydd am bell-welediad Tegryn Davies. Yr oedd Dafydd Evans Gelliaraul, brawd i'r Parchedig Brifardd James Evans y soniwyd amdano eisoes, na fyddai byth yn mynychu'r cysegr ac a eisteddai y tu allan i'w dŷ yn darllen y *News of the World* ar y Sul pan fyddai'r gweinidog yn mynd heibio, yn medru bod yn boen yn y Cyrddau Gweddi ac yng Nghyrddau Cyfrifon ddechrau'r flwyddyn. Gwnâi sylwadau cwbl gyfeiliornus ac annheg a gofynnai gwestiynau pigog nad oedd atebion iddynt. Ar ddydd Llun olaf mis Hydref 1941, roedd sibrydion cryf ar led y byddai Dafydd Evans yn codi rhyw fater llosg yn y Cwrdd Gweddi y noson honno. Roedd Capten Lloyd yn digwydd bod gartref o'r môr a dymunai Mrs S. A. Lloyd fedyddio'i

[45]T. Tegryn Davies, Anerchiad, *Adroddiad Eglwysi Annibynnol Beulah a Bryn-mair 1939*, D. R. Davies, Castellnewydd Emlyn, 1940

merch newyddanedig tra bod ei thad gartref. Cafodd air â Tegryn Davies. Gwelodd yntau ei gyfle a dywedodd wrthi:

. . . buasech yn gwneud ffafr fawr â mi petae'n bosibl inni fedyddio Eleri heno.

Trefnwyd bod hynny'n digwydd ac yn ôl S. A. Lloyd:

Wedi'r bedydd, gweddïodd y Parchedig Tegryn Davies gydag arddeliad gan ddeisyfu ein gwared i gyd rhag unrhyw gymhellion drwg ac aeth Dafydd Evans adre'n syth â'i gynffon rhwng ei goesau.

Ac medd Omri James:

Roedd Dafy' Evans yn berson galluog ond roedd Tegryn Davies yn ei guro mewn dadl bob tro.

Byddai Cwrdd Gweddi y nos Lun cyn y Cymundeb misol yn Gwrdd Paratoad. Cofia Myfanwy Evans fel y byddai'r bobl ifanc a gâi eu derbyn yng Nghymundeb y Sul wedyn yn gorfod mynychu'r Cwrdd Paratoad. Pan gafodd hi ei derbyn:

. . . roedden ni'n gorfod mynd 'mlaen i'r côr mawr ac yn cael siars hefyd—y ddiod, pwysigrwydd mynd i'r cwrdd, ymddygiad ac yn y blaen.

Yr oedd siars i ddiaconiaid newydd hefyd. Ar 31 Gorffennaf 1960 dewisiwyd nifer o ddiaconiaid—digon i wneud y nifer yn ddeuddeg yn y ddwy eglwys. Penderfynodd dau na allent dderbyn yr anrhydedd a'r cyfrifoldeb er iddynt barhau'n aelodau ffyddlon a theyrngar. Meddai Tegryn Davies:

Wedi meddwl, y mae yn gyfrifoldeb mawr i dderbyn y swydd. Disgwylir i bob un i geisio blaenori yn y pethau gorau yn yr Eglwys—Ffyddlondeb, Teyrngarwch, Haelioni, Amynedd, Caredigrwydd, gofal am y gweithgareddau a'r trefniadau allanol, yr Ysgol Sul, a phob cyfarfod arall gyda phlant a phobl ifanc. Nid yw yng ngallu pawb i flaenori ym mhob cangen, ond dyletswydd pob un ydyw ceisio blaenori ym mhob gwaith sydd o fewn ei gyrraedd a'i allu . . . a daw profiad yr emynydd yn brofiad gwirioneddol, 'Yn Dy waith, y mae fy mywyd—Yn Dy waith y mae fy hedd'.[46]

A gwelai derbyn swydd fel cam i'r cyfeiriad iawn:

Gwelwyd dewis nifer o swyddogion yn y ddwy Eglwys— diaconiaid ac ymddiriedolwyr . . . Gobeithio y bydd y rhai hyn yn ymglywed â chyfrifoldeb a braint y swyddi hyn. Byddai teyrngarwch a ffyddlondeb o gyfeiriad y Swyddogaeth yn sicr o fod yn arweiniad i'r cyfeiriad iawn, ac efallai i gychwyn ag hyrwyddo diddordeb cyffredinol.[47]

Credai'n gryf fod angen deuddeg diacon mewn Eglwys. Eglurodd hyn un tro ym Mryn-mair a dyma un o'r diaconiaid, sef Owen Thomas Griffiths, yn codi i gefnogi safbwynt ei Weinidog. Ond yn anffodus, wrth wneud, dywedodd bod angen rhagor o ddiaconiaid i drefnu a rheoli'r Eglwys. Cofia Doris Reed nad oedd gosodiad felly yn dderbyniol i Tegryn Davies, a dywedodd:

. . . os mai dyna eich syniad chi, angen llai o ddiaconiaid oedd. Eglurodd mai cyfrifoldeb y diaconiaid oedd bod yn esiampl a chynnal y Cyrddau Gweddi. Ni fedrent redeg yr Eglwys gan fod yr un llais gan bob aelod mewn Eglwys Annibynnol.

Ei ddymuniad cyn Cwrdd Eglwys fyddai trefnu popeth ymlaen llaw ac osgoi dadlau cyhoeddus dianghenraid. Byddai'n ceisio bod yn ymwybodol o'r safbwyntiau gwahanol ac yna yn awgrymu'r ffordd ymlaen o'r pulpud. A ph'run bynnag, fel y dywed Kenneth Jones:

Yr oedd yn gymaint o ddiplomat fel yr enillai naw deg y cant o'r pethau pwysica' mewn unrhyw sefyllfa.

Yn y Cwrdd Paratoad hefyd y byddai'n 'derbyn yn ôl' aelodau a 'aeth dros ben ffordd'. Parhaodd yr arfer o dderbyn yn ôl aelod a fyddai'n gorfod priodi tan ddechrau'r pumdegau

[46]ibid., Adroddiad 1960.
[47]ibid., Adroddiad 1963.

ym Meulah. Byddai'r aelodau hynny a dderbyniodd gerydd cyhoeddus yn y Cwrdd Paratoad ar y nos Lun yn gorfod wynebu'r un cerydd cyhoeddus yn y Cymundeb y Sul wedyn. Ond nid oedd pob un yn barod i dderbyn yr un cerydd ddwywaith ac ni chawsai'r rhai na welent eu ffordd yn glir i wynebu'r ail gerydd eu torri allan. Er y medrai Tegryn Davies fod yn llym ei gerydd wrth 'y rhai y disgwyliai iddynt wybod yn well', y mae'n syndod iddo ganiatáu i'r arfer hwn barhau cyhyd. Pan sefydlwyd ef yn Weinidog Eglwysi Beulah a Bryn-mair roedd Rheolau Eglwysig Beulah a Bryn-mair (Atodiad 2) yn cael eu hargraffu'n flynyddol yn yr Adroddiad. Parhaodd yr arfer tan Adroddiad 1937. Nis argraffwyd hwy wedyn. Go brin i'r un rheol gael ei gweithredu'n haearnaidd erioed ar wahân i Reol X yng nghyd-destun 'derbyn yn ôl y rhai a aeth dros ben ffordd' a gorfod priodi.

Ac yn ôl S. A. Lloyd, mynnodd Tegryn Davies yn fuan ar ôl ei sefydlu fod yr arfer o orfod talu swllt yr aelod am gôr (eisteddle) yn cael ei ddirwyn i ben. Nid oedd y syniad o fod yn berchen ar sedd mewn capel yn apelio ato.

Medrir dweud i sicrwydd na threuliodd y gyfran helaethaf o'i Weinidogaeth yn ei stydi yn astudio diwinyddiaeth, paratoi pregethau ysgolheigaidd, ysgrifennu llyfrau neu'n creu barddoniaeth. Yn hytrach, treuliodd ei Weinidogaeth allan yn y maes yn 'gwneuthur daioni'. Cyfaddefai na wyddai'r atebion i gyd bob amser ac y mae llawer iawn yn cofio fel y byddai weithiau wrth ddwyn pregeth i ben yn dweud, 'Ie, ffordd yna mae hi rhywle, siŵr o fod'. Dywed Sally Parry Jones y byddai'n aml iawn yn gorffen ei bregethau drwy ddeisyfu:

> Gobeithio y bydd yr ychydig eiriau yna yn gynhorthwy i bob yr un ohonom i foliannu y pethau uchaf a'r pethau gorau.

Roedd ei Fendith ar ddiwedd oedfa eto'n wahanol i bawb arall. Roedd yn un frawddeg hir gwmpasog nad adlewyrchai ei ffordd arferol o siarad:

> A Duw yr heddwch, yr hwn a ddug drachefn oddi wrth y meirw ein Harglwydd Iesu, Bugail Mawr y defaid, drwy waed y

45

cyfamod tragwyddol, a'ch perffeithio ym mhob gweithred dda, i wneuthur ei ewyllys Ef gan weithio ynoch yr hyn sy'n gymeradwy yn ei olwg Ef, drwy Iesu Grist ein Harglwydd, i'r hwn y byddo'r gogoniant yn oes oesoedd, Amen.[48]

Adnodau yw'r rhain o Hebreaid 13: 20 a 21. Ceir yr union eiriau eto yn ei ddyhead ar ddiwedd Gwasanaeth Eglwysi Beulah a Bryn-mair a ddarlledwyd o Beulah ym mis Mehefin 1953. A chan ei fod yn Heddychwr y mae'n ddiddorol sylwi bod y dyheadau gollwng hyn ar ddiwedd oedfa yn cychwyn gyda'r geiriau, 'A Duw yr heddwch . . .'.

Yn ystod ei Weinidogaeth daeth y Cwrdd Chwarter i Beulah a Bryn-mair yn ei dro:

Cafodd Beulah y fraint o groesawu Cyfarfodydd Chwarter y Sir, a gwnaeth hynny mewn modd teilwng iawn. Dyna dystiolaeth y Cyfundeb wedi'r Wyl.[49]

Ym mis Hydref derbyniodd Bryn-mair Gyfarfodydd Chwarter y Cyfundeb. Tystiolaeth Ysgrifennydd y Cyfundeb ydoedd hyn:- 'Nid arbedwyd na thraul na thrafferth gan yr Eglwys, a gwerthfawrogwn y croeso tywysogaidd a gafwyd.'
Yr oedd yn bresennol gynrychiolaeth lawn o eglwysi'r Sir, yn cynnwys bron yr oll o'r gweinidogion.[50]

Rhagfyr 7—Cwrdd Chwarter ym Meulah.[51]

A daeth y cyfryngau torfol i recordio ac i ddarlledu a chyfathrebu ei genadwri ledled Cymru:

Cawsom y fraint fel dwy Eglwys i gynnal Gwasanaeth ar y radio, ar fore Sul, Mehefin 21 . . . O'u dewis eu hunain, recordiwyd y gwasanaeth gan gwmnïau o Lanelli ac Aberdâr, ac

---

[48]op. cit., T. Tegryn Davies, *Tâp o'r Gwasanaeth o Ewyllys Da o Eglwys Bryn-mair mewn cydweithrediad ag Aelwyd yr Urdd.*

[49]T. Tegryn Davies, Anerchiad, *Adroddiad Eglwysi Annibynnol Beulah a Bryn-mair 1947*, D. R. Davies, Castellnewydd Emlyn, 1948.

[50]ibid., Adroddiad 1956.

[51]ibid., Adroddiad 1965.

y mae rhyw bedwar ugain o recordiau yn yr ardal yn aros fel rhyw atgof am y diwrnod hwn.[52]

Yr ydym fel eglwysi wedi cael y fraint o gynnal dau wasanaeth darlledu ar y Sul—y cyntaf o Beulah yn 1953 a'r ail y llynedd ym Mryn-mair ac yn ôl tystiolaethau cyffredinol bu'r ddau yn llwyddiant. [53]

Tachwedd 27—Cwmni Teledu T.W.W. yn cyflwyno Gwasanaeth Diolchgarwch y Bobl Ifanc, seiliedig ar 'Awdl y Cynhaeaf'. [54]

Medi 26—Harlech yn teledu ym Mryn-mair.[55]

Ond nid oedd anfon y Neges o Eglwysi Beulah a Bryn-mair yn ddigon. Trefnai fod aelodau Eglwysi Beulah a Bryn-mair yn cael cyfle i glywed 'hoelion wyth y pulpud' a 'gweinidogion pell' yn rheolaidd ac yn flynyddol ym mis Awst. Gofalai fod posteri yn cael eu hargraffu a dosberthid hwy yn eang i geisio sicrhau cynulleidfaoedd teilwng:

Yr ydym wedi sicrhau gwasanaeth y gweinidogion hyn, yn ystod mis Awst, a chredwn mai buddiol fydd rhoddi'r enwau yn eu trefn o'r Sul cyntaf i'r diwethaf:
Parchedigion—Emrys Jones, Treherbert; B. P. Protheroe, Maesteg; Gwyn Lewis, Castell-nedd; W. R. Nicholas, B.A. B.D., Bwlch y groes; Godfrey Davies, Cadle, Abertawe.[56]

A chofir amdano'n dod â phobl fel Elfed a Thelynores Eryri er mwyn i ieuenctid yr ardal fedru dweud eu bod wedi eu gweld a'u clywed.

Erbyn diwedd ei oes nid oedd ei lais yn cario yn y capeli mwyaf eu maint. Wedi dweud hynny, y syndod mawr yw iddo lwyddo i ddal ati cyhyd a chyflawni cymaint mewn cymaint o feysydd. Erys ei ddylanwad: mae llawer yn yr ardaloedd yn

[52]ibid., Adroddiad 1953.
[53]ibid., Adroddiad 1959.
[54]ibid., Adroddiad 1966.
[55]ibid., Adroddiad 1968.
[56]ibid., Adroddiad 1952.

dwyn ei gynghorion a'i safbwyntiau i gof o hyd ac yn gweithredu yn unol â nhw. Traethodd yn erbyn pob ffurf ar anghyfiawnder ac anfoesoldeb. Ac wrth gofio am Tegryn Davies y mae'n anodd peidio â dwyn i gof rannau o gerdd 'Hen Weinidog' T. Rowland Hughes:

> Ni regodd fyd,
> A welai weithiau fel pe'n stremp i gyd.
> Ni chaeodd ef ei law
> Mewn sydyn wrthrych braw
> Am chwip o eiriau pigog, llym
> Er dyfod i'r gewynnau rym
> Rhyw ddicter dwyfol lawer gwaith . . .
>
> Mae'n wir
> Na sgydwodd gyrddau mawr ar hyd y tir . . .
>
> Ond gwn am rai ym Mryn y Glo
> A fyddai'n marw trosto fo'.[57]

Gwir y gair. Nid oedd yn ddewis eithriadol boblogaidd gogyfer â chyrddau mawr a chyrddau diolchgarwch ond yr oedd rhai o'i gefnogwyr selocaf yn y ddwy eglwys yn ei addoli bron. Gwyddys mai perthyn i'r galon y mae gras Duw ond yr oedd holl osgo dawel, bwyllog Tegryn Davies yn nodweddu gŵr a feddiannwyd gan ras.

[57]T. Rowland Hughes, 'Hen Weinidog', *Cân Neu Ddwy*, Gwasg Gee, 1948.

Pennod 4

CYNNAL YR ACHOS. DEHONGLI YSTADEGAU. ADNEWYDDU AC EHANGU ADEILADAU.

YSTADEGAU

Yn greiddiol i gynnal yr Achos y mae nifer yr aelodau; cyfanswm cyfraniadau ac ati; a chynnal cyflwr yr adeiladau. Cyn ceisio dehongli'r ystadegau ar gyfer y ddwy Eglwys mae'n rhaid casglu'r ffeithiau moel o Adroddiadau Blynyddol yr Eglwysi a'u coladu. Gwnaed hynny yn y tablau canlynol. Yn naturiol, y mae anerchiadau Tegryn Davies yn yr Adroddiadau gydol y blynyddoedd o'r pwys pennaf.

YSTADEGAU EGLWYS BEULAH AM Y CYFNOD 1933—1969

Blwyddyn	Nifer Aelodau	Nifer Priod-asau	Nifer Bedydd-iadau	Nifer Derbyn-iadau	Nifer Marwol-aethau	Cyfanswm Cyflog £
1933	209		2		1	94-2-6
1934	208		3	1	2	135-18-0
1935	209		1	7	6	136-5-4
1936	214		1	9	4	139-19-0
1937	213		5	3	4	147-9-4
1938	210		2	-2	1	151-16-6
1939	216		2	8	2	157-16-0
1940	216	1	9	3	3	159-17-6
1941	227	1	7	15	4	177-11-6
1942	232		7	6	1	193-11-3
1943	242		6	12	2	207-10-9
1944	248		7	7	1	218-13-6
1945	246				2	222-9-0
1946	245		2	1	2	217-17-0
1947	239		4	-4	2	222-5-0
1948	245		9	7	1	231-1-0
1949	242		5	-1	2	238-8-6

49

1950	239		6	2	5	246-0-6
1951	240		7	3	2	245-4-0
1952	241		2	2	1	249-16-0
1953	242		5	4	3	256-2-0
1954	236		4	-4	2	248-19-6
1955	226		6	-5	5	262-5-3
1956	228		4	8	4	276-4-6
1957	224		4	1	5	301-306
1958	223		4	3	4	311-7-6
1959	218		9	2	7	329-15-0
1960	217		5	1	2	350-7-0
1961	221		3	6	2	349-2-6
1962	213		2	-3	5	403-5-10
1963	216		4	8	5	419-16-6
1964	209		1	-4	3	424-1-0
1965	203			-1	5	443-11-6
1966	195				8	438-7-3
1967	194			1	2	462-15-10
1968	193		2	5	6	460-13-6
1969	190		3	1	4	469-5-0

Nodyn: Nid yw nifer y priodasau yn Eglwys Beulah wedi eu cofnodi yn yr Adroddiadau.

YSTADEGAU EGLWYS BRYN-MAIR AM Y CYFNOD 1933-1969

Blwydd -yn	Nifer Aelodau	Nifer Priod- asau	Nifer Bedydd- iadau	Nifer Derbyn- iadau	Nifer Marwol- aethau	Cyfanswm Cyflog £
1933	130		3		5	27-10-0
1934	128	2	6	1	3	87-6-6
1935	134	1		6		90-6-6
1936	136	8	4	4	2	91-9-0
1937	143	4		9	2	94-6-6
1938	155	7	1	11	9	99-6-0
1939	156	5	6	5	4	109-6-0
1940	156	5	1	4	4	114-18-6
1941	156	3	2	2	2	127-3-3
1942	163	5	4	8	1	128-18-0
1943	160	11	6		3	141-0-0

50

1944	158	5	6		2	147-7-0
1945	161	3	2	5	2	153-7-6
1946	173	9	4	19	5	171-0-0
1947	162	2	3	-9	2	160-7-0
1948	165		2	7	4	164-18-0
1949	180	4	2	16	1	172-18-0
1950	175	3	4	-4	1	191-12-6
1951	176	9	7	1		202-12-0
1952	181	10		7	2	211-0-0
1953	180	7	5	7	8	211-0-6
1954	180	5	2	2	2	219-13-0
1955	182	4	4	3	1	233-9-0
1956	188	2	3	8	2	243-8-6
1957	186	4	4	4	6	259-13-0
1958	184	3		2	4	265-6-6
1959	184	2	3	2	2	275-5-6
1960	182		5	1	3	298-13-6
1961	175	6		-3	4	340-17-6
1962	186		4	15	4	354-11-6
1963	191	2	3	9	4	370-3-6
1964	190	2	2	2	3	370-3-6
1965	193	4	4	8	5	416-11-0
1966	187	3	8	-4	2	419-11-0
1967	186	2	4		1	436-11-0
1968	179	2	3	-11	4	451-11-6
1969	189	4	6	12	2	451-11-6

Byddai Tegryn Davies yn amrywio ei sicrwydd o deyrn-garwch wrth arwyddo ei anerchiadau o 'Yr eiddoch yn gywir (neu yn ffyddlon)' i 'Yn ddiffuant'. Ond yn 1947, 1954, 1959, 1964 a 1968 ni cheir ond ei enw. Gwyddys i ambell storm godi yn rhai o'r blynyddoedd hynny.

Roedd yr anerchiad yn gyfle i werthfawrogi a phwysleisio gwerth amser a chyfle:

Mantais ar ddechrau blwyddyn yw adolygu yr hen—i chwilio'r gwych a hela'r gwall', ac yna i geisio prynu yr amser newydd i ychwanegu at y gorau a gwella'r gwallus. [58]

[58]T. Tegryn Davies, Anerchiad, *Adroddiad Eglwysi Annibynnol Beulah a Brynmair 1938*, D. R. Davies, Castellnewydd Emlyn, 1939.

Gwelwyd iddo yn Ebeneser, Tonypandy, bwysleisio mai maint yr aberth ac nid maint y rhodd oedd yn cyfrif yn y pen draw. Ac nid yw'n syndod iddo ym Meulah a Bryn-mair gyfeirio'n aml at y cyfraniadau ariannol gan na dderbyniai gyflog. Roedd ei gynhaliaeth yn ddibynnol ar gyfraniadau uniongyrchol yr aelodau at y Weinidogaeth. Rhaid oedd taro'r hoelen heb frifo bysedd neb:

> Dengys y ffigurau a welir lawer o haelioni; rhywrai wedi cyfrannu yn helaeth; eraill wedi cyfrannu llai; ond na farned neb oddiwrth hyn, oblegid maint yr aberth ac nid maint y rhodd sy'n cyfrif mewn Adroddiad eglwys. 'Eithr holed dyn ef ei hun' er mwyn ceisio gwybod a ydyw ei roddion ef am y flwyddyn gyfan tuag at eglwys ac achos Iesu Grist, yn deilwng o'i sefyllfa.[59]

Roedd ei draed ar y ddaear bob amser. Sylweddolai'n iawn na fedrid yn ymarferol gynnal yr Achos heb gyllid, a dywedai hynny:

> Dywed y swyddogion ffyddlon sydd yn gofalu am y cyfrifon fod yr amgylchiadau yn y byd hwnnw yn foddhaol; ac y mae'n dda iawn gennym am hynny: pa ddiben yw ffugio y mae'n dda iawn gennym am hyn.[60]

Nid nifer aelodau a chyfraniadau moel oedd popeth:

> Rhywle yn y fan hon y mae rhif a mesur yn mynd allan o'n gafael ac yn troi yn ansawdd ysbrydol. Gellir mesur nifer aelodau a'r rhoddion tuag at gyllid eglwys, ond daw yr anfesuradwy i mewn y munud y dechreuwn sôn am aberth a dymuniad a bwriad ac amcan a Theyrnas Duw.[61]

Pwysleisiai'n gyson mai derbyn cydnabyddiaeth gan y ddwy Eglwys a wnâi ef yn hytrach na derbyn cyflog. Bu'n traddodi anerchiad ar 'Y Weinidogaeth Heddiw' gerbron un o Gyfarfodydd Blynyddol yr Undeb yn 1961 a gwyddys iddo fod

[59]ibid., Adroddiad 1934.
[60]ibid., Adroddiad 1941.
[61]ibid.

yn ddiflewyn ar dafod ynglŷn â chyflogau cymharol gweinidogion. Nid oedd yn cwyno am ei gydnabyddiaeth a gwnaeth hi'n glir ei fod yn anesmwyth wrth ddisgyn i lefel siarad am gyflog gweinidog. Pwysleisiodd mai'r unig dro iddo wneud o'r blaen oedd pan oedd ef ei hun yn aelod ifanc ac nid yn Weinidog. A byddai Eglwysi Beulah a Bryn-mair ac yntau yn deall ei gilydd tra gelwid yr hyn a dderbyniai yn gydnabyddiaeth:

> Ond pan yw'r enwad yn sôn am gyflog dweder o ddeg punt yr wythnos a'r gweinidog yn rhedeg car allan o hynny y mae'n deg cymharu pethau â'r hyn oeddynt hanner can mlynedd yn ôl.[62]

A dyna a wnaeth, gan ddweud ei fod yn gwybod am weinidogion da a oedd wedi gadael y weinidogaeth am na fedrent fyw a thalu'r ffordd. Mynnai bod aelodau'r eglwysi fel cyflogwyr yn cymharu yn anffafriol iawn â'u teidiau hanner canrif yn ôl. Cyferiodd at Eglwys arbennig yn Sir Benfro y cafodd weld ei hadroddiadau am 1910, 1930 ac 1960. Meddai:

> Yn 1910 yr oedd ffermwr arbennig yn cyfrannu £1 at yr eglwys. Yn 1960 yr oedd mab y ffermwr yna yn cyfrannu £2—dwywaith gymaint. Pris galwyn o laeth yn 1910 oedd 4 ceiniog. Pris galwyn o laeth yn 1960 oedd 4 swllt—deuddeg waith cymaint.

Mynnai bod gweithiwr ar un fferm yn ennill 7s 6c yr wythnos yn 1910 ac yn cyfrannu 13s at ei eglwys, sef cyflog pythefnos bron. Holodd a oedd unrhyw weithiwr yn cyfrannu cyflog pythefnos yn 1969:

> . . . mentraf ddweud mai rhywrai sy'n byw ar eu pensiwn, a'r gweinidog ei hunan, yw'r unig rai sy'n gwneud aberth ariannol dros eu capel heddiw.

Gwnaeth gymhariaeth arall:

> Yn 1910 yr oedd y gweinidog yn ennill dros £100 y flwyddyn. Yn 1910 yr oedd yr ysgolfeistr yn ennill £80 y flwyddyn. Yn 1930 yr

[62]T. Tegryn Davies, Anerchiad : Y Weinidogaeth Heddiw. Traddodwyd yn Undeb Bury Port 1961, *Llawlyfr / Adroddiadau Blynyddol Cyfarfod Blynyddol 1962*, Gwasg John Penry, 1962, t. 36.

oedd yr ysgolfeistr a'r gweinidog yn derbyn yr un faint—£300. Erbyn 1960 nid yr un ddau oedd yno, ond yr oedd y gweinidog yn derbyn cyflog o £550 a'r ysgolfeistr yn derbyn cyflog o £1,200, a phe byddem yn cymharu cyflog yr ysgolfeistr â chyflogau mewn diwydiant a masnach byddai'r ysgolfeistr, yntau, ar ôl ymhell.

Nid oedd amheuaeth yn ei feddwl nad:

. . . oedd Annibynwyr hanner canrif yn ôl llawer mwy anrhydeddus wrth dalu eu gweithwyr a hynny (yn rhannol beth bynnag) am ein bod wedi mynd i gredu 'nad oes rhaid i Fethel fyw'.

Cyfaddefai ei fod o bosibl yn *wrong* i sôn o gwbl am gyflog i weinidogion Crist croeshoeliedig, ond meddai:

Yr ydym i gyd yn *wrong* ein bod ni wedi dod i gyflwr fod eisiau gwneud hynny o gwbl.

Dengys ei anerchiadau blynyddol iddo ledaenu'r neges yn lleol hefyd:

Y mae anrhydedd yr eglwysi i'w gweld yn glir iawn yn eu hadroddiadau blynyddol; a diddorol ydyw cymharu'r gwahanol adroddiadau eglwysig o bryd i'w gilydd mewn gwahanol gyfnodau.[63]

Tafler goleuni cydwybod gywir dros y ffigurau sydd ar gyfer pob enw . . . Gwneled hynny gan gofio mai rhyw bedwar swllt ydyw gwir werth pob punt a oedd yn werth ugain swllt tua ddechrau'r ganrif . . . ond y gydnabyddiaeth; . . . Gŵyr y teuluoedd gwahanol am yr hyn y cyfeiriaf ato, [rhoddion nas cofnodwyd] a dymunwn ni fel teulu gyflwyno ein diolch diffuant.[64]

Un peth oedd cyfrannu. Pwysleisiai brydlondeb yn ogystal:

[63]T. Tegryn Davies, Anerchiad, *Eglwysi Annibynnol Beulah a Bryn-mair 1959,* Gwasg John Penry, 1960.
[64]ibid., Adroddiad 1961.

. . . gwelwn ein bod yn ddyledus iawn i ysgrifenyddion a thrysoryddion yr eglwysi. Buont yn ffyddlon, yn fanwl ac yn amyneddgar,—grasusau gwerthfawr iawn iddynt hwy. Onid oes lle i ofni hefyd mai anffyddlondeb, aflerwch ac arafwch rhai ohonom ni sy'n gyfrifol am fod angen cymaint o'r grasusau hyn arnynt hwy?[65]

Gallasem arbed rhai o'r anawsterau drwy gyflwyno ein rhoddion yn gynnar yn y flwyddyn.[66]

Diolchai am Gymunroddion ond nodai bod iddynt eu peryglon:

. . . daeth cymynrodd i Bryn-mair . . . Hyderwn y defnyddir y rhodd gan gofio mai enillion gwaith caled ydynt, ac na ddefnyddir hwynt i leihau gwaith nac ymroddiad neb; gellir ei defnyddio, gellir ei camddefnyddio, a phorthi diogi, a chau sianelau aberth a haelioni . . .[67]

Cadwai lygad ar nifer yr aelodau ond sylweddolai fod ffyddlondeb a gweithgarwch hefyd yn bwysig, e.e.:

Gwyddom wrth gwrs nad yw'n iawn barnu llwyddiant neu aflwyddiant eglwys yn ôl ei nifer, ond eto ni allwn lai na llawenhau yn y cynnydd amlwg sydd ym Meulah, a hefyd fod Bryn-mair yn dal ei thir.[68]

Cafwyd y fraint o groesawu llawer o aelodau newydd yn ystod y flwyddyn, a bydded i ychwanegiad mewn rhif fod yn ychwanegiad mewn nerth ac ysbrydolrwydd.[69]

Yn ei Anerchiad olaf (1969) mae'n nodi:

Ym Meulah, y mae nifer yr aelodau ar ddiwedd 1969 rywbeth yn debyg i'r hyn oeddynt ar y dechrau, tra mae aelodau Bryn-mair wedi cynyddu rhyw ychydig mewn rhifedi yn ystod y cyfnod.[70]

---

[65]ibid., Adroddiad 1949.
[66]ibid., Adroddiad 1955.
[67]ibid., Adroddiad 1948.

[68]ibid., Adroddiad 1936.
[69]ibid., Adroddiad 1962.
[70]ibid., Adroddiad 1969.

Medrir synhwyro ei fod yn llawen o fedru cynnal y niferoedd a hynny er gwaethaf y ffaith bod cymaint o ferched a bechgyn ifanc yr Eglwysi wedi gadael y fro. Roedd yn galondid iddo fod llawer iawn ohonynt wedi ac yn dal swyddi cyfrifol, ond siom iddo oedd y ffaith mai:

> . . . dim ond un, sef, y diweddar Barchedig Dewi H. James, Mynydd Seion, Casnewydd, [Dewi Cwrt-Hen] . . . a godwyd i'r weinidogaeth. [71]

Llwyddodd partneriaeth Mr a Mrs Tegryn Davies i gynnal yr achos yn erbyn llawer o anawsterau. Roedd y gyfundrefn addysg bellach yn diboblogi cefn gwlad. Codwyd nifer helaeth o dai cyngor a thai preifat yn Aber-porth ac yr oedd llawer o fynd a dod yn yr eglwys. Cred rhai fod Eglwys Bryn-mair yn ymdebygu i eglwys mewn tref. Pobl ddwad sydd i bob pwrpas yn cynnal yr Achos yno ac oni bai amdanynt, go brin y byddai fawr o lewyrch yno. Mae'r aelodau yn fwy annibynnol. Erys Eglwys Beulah yn eglwys y wlad lle mae pwys mawr ar hen deuluoedd. Mae'r aelodau o'r herwydd yn ymwneud mwy â'i gilydd. Gall pechu un bechu llawer yno ac efallai bod hynny'n esbonio pam y credir yn gyffredinol bod aelodau Eglwys Beulah yn anos i'w trin! Ond un rheswm arall yw bod aelodau Beulah yn gweld mwy o'i gilydd yn ystod yr wythnos a bod materion y Capel yn destun trafod yn aml. Fodd bynnag, oherwydd eu hymdrechion glew gwelodd Mr a Mrs Tegryn Davies lawer o garedigrwydd o'r ddwy Eglwys:

> Ysgrifennaf y nodyn yma o dan amgylchiadau gwahanol iawn i'r arferol, ond eto, wedi cael dychwelyd gartref ers rhai dyddiau. Cysur a chalondid i mi yn yr wythnosau diwethaf yma a fu'r arwyddion diamheuol o'ch gofal a'ch teyrngarwch, eich aml gymwynasau, a'ch gweddïau ar fy rhan. [72]

Ac ni fu'r gymdogaeth seciwlar heb gydnabod Mrs Davies drwy ei dyrchafu'n Ynad Heddwch yn 1946, i eistedd ar Fainc Troed-yr-aur:

[71]ibid.
[72]ibid., Adroddiad 1942.

Digwyddodd un peth eithriadol yn ystod y flwyddyn—cawsom ddau Ynad Heddwch—un ym mhob eglwys. Gobeithio y bydd heddwch a thangnefedd gwirioneddol yn ffynnu yn ein plith fel y gallom fyw heb eu gwasanaeth yn y cyfeiriadau hyn.[73]

David Arthur Beynon, Prifathro Ysgol Gynradd Beulah oedd y llall.

Yn ogystal gwahoddwyd Mrs Davies i wasanaethu ar Banel y Pwyllgorau 'Prawf a'r Ifanc' (Probation and Juvenile).

ADNEWYDDU AC EHANGU ADEILADAU

Soniwyd eisoes am argyhoeddiad Tegryn Davies a'i frawd o werth adeiladau pwrpasol. O ddarllen ei anerchiadau am y blynyddoedd 1933-1969 ni fedrir ond rhyfeddu at yr holl welliannau a wnaed ym Meulah a Bryn-mair. (A gwyddys i'r ddwy eglwys hefyd godi Mans teilwng i'w olynydd James Henry Jones ddechrau'r saithdegau.)

Mae'n amlwg iddo fwrw ati o'r cychwyn. Meddai am 1936:

> Gwelir fod Bryn-mair wedi gwneud ymosodiadau llwyddiannus iawn ar ddiffygion yn y Festri ac amgylchedd y Capel.[74]

Llwyddodd i gael yr aelodau i gyflawni llawer iawn o waith gwirfoddol a thrwy hynny gadw'r draul i lawr er mwyn sicrhau gwelliannau pellach:

> Gwnaed llawer iawn o welliannau ar allanolion y capeli a'r festrïoedd yn ystod y flwyddyn . . . y mae llawer iawn o lafur cariad yn y gwaith . . . Rhaid symud ar unwaith i ddechrau'r gwaith sy'n aros i'w gyflawni.[75]

Yr oedd Capel Beulah bron yn ganmlwydd oed yn 1952 a bu'n rhaid i grefftwyr profiadol ei adnewyddu'n helaeth. Ond

---

[73]ibid., Adroddiad 1946.
[74]ibid., Adroddiad 1937.
[75]ibid., Adroddiad 1951.

cyflawnwyd llawer iawn o waith gwirfoddol gan aelodau'r eglwys a'r gweinidog yn eu cymell:

> Pris pob rhyddid a daioni, trefn a glendid yw gwyliadwriaeth barhaus.[76]

Peintiwyd Capel a Festri Beulah yn 1955 ac adnewyddwyd llawer iawn ym Mryn-mair—y tu mewn a'r tu allan i'r Capel. Rhoddwyd golau trydan oddi ar y prif gyflenwad yn y Capel, ac yn y ddau dŷ sy'n gysylltiedig â'r Capel. Cafwyd yn ogystal gyflenwad o ddŵr gan y Cyngor Lleol. Yn ei anerchiad dywedodd:

> Dylai bendithion fel hyn ein gwneud yn fwy hoff o'r 'hen rodfeydd' a'n cymell i wneud mwy o ddefnydd ohonynt o hyd er mwyn y Deyrnas.[77]

Eto yn 1956 mae'n diolch am gefnogaeth:

> . . . cyflawnodd nifer o'r aelodau lawer o wasanaeth gwirfoddol gwerthfawr ynglŷn â'r adeiladau . . . Derbynied pob un ei dâl yn ôl maint ei aberth.[78]

Roedd y gwaith gwirfoddol yn mynd o nerth i nerth. Ac ef, gan fynychaf, fyddai'r trefnydd:

> Mai 3 [1966]—Peintio'r Festri ym Mryn-mair. Gwirfoddolwyr i gyd.[79]

> Mai 20 [1968]—Glanhau muriau'r Capel: dros ddeugain o oedolion a phlant, a phobl ifanc yn gweithio. Yr un eto, trannoeth a thradwy.[80]

Y flwyddyn ganlynol, sef ei flwyddyn olaf fel gweinidog, gwnaed llawer iawn o waith gwirfoddol i'r Festri a'r amgylch-oedd ym Mryn-mair:

[76]ibid., Adroddiad 1952.
[77]ibid., Adroddiad 1955.
[78]ibid., Adroddiad 1956.
[79]ibid., Adroddiad 1966.
[80]ibid., Adroddiad 1968.

Rhyw nos Fawrth, yn y Cwrdd Gweddi, trefnodd pobl ifanc y lle i droi'r Cwrdd yn Gwrdd Gwasanaeth Gwirfoddol i atgyweirio'r Festri, a pheintio allanolion y Capel.[81]

Ef fyddai'r trefnydd a'r prif oruchwyliwr ac yn unol â'n traddodiadau, y gwragedd fyddai'n trefnu'r te. Byddai angen gras ac amynedd arno'n aml y mae'n siŵr. Adroddir o hyd am un o 'fois Bank Cottage' a geisiai geibio darn o graig yn gofyn i'w frawd, 'Ble mae'r bar?'. Atebodd y brawd, 'Bar! wyddwn i ddim fod bar ym Mryn-mair!'. Ac y mae'n debyg i Tegryn Davies orfod troi i ffwrdd a gwenu.

Yr oedd ganddo ddiddordeb mewn cynnal a chadw. Yn wir, cofia Alun y mab amdano, oherwydd ei fynych alwadau a phrinder amser i wneud pob peth a ddymunai, yn peintio â dau frws—un ym mhob llaw—a'i fam ufudd a gweithgar yn gorfod glanhau'r alanas! A honna Roderic Bowen iddo dynnu coes Tegryn Davies drwy ddweud ei fod, o fedru troi ei law at bopeth, yn gwastraffu ei amser yn y Weinidogaeth!

Mae'n rhaid nodi bod yr hanesyn hwn yn nodweddiadol ohono. Gan y gwelai waith i'w gyflawni a gwelliannau i'w gwneud ym mhob man, ni fedrai gael yr Eglwys i fwrw ati'n ddigon cyflym wrth ei fodd bob amser. Er nad oedd yr oedi, o reidrwydd, yn unrhyw arwydd o wrthwynebiad, gwelai rhai aelodau ei frwdfrydedd, a'i ddiffyg amynedd o bryd i'w gilydd, fel prawf ei fod, rywsut neu'i gilydd, yn mynnu cael ei ffordd ei hunan bob amser.

Pwysleisiai fod pob gwasanaeth yr un mor werthfawr. Gwerthfawrogai gyfraniad y gwragedd yn gwneud te i'r gweithwyr. Yr oedd cymhendod yn bwysig iddo. Ymunai â'r fintai flynyddol ym Meulah i dorri'r fynwent. Ysgrifennai i lawr enwau pawb oedd yno a'r Sul wedyn, yn ôl Margaret Davies, byddai'n diolch o'r pulpud ac yn dweud:

. . . bod rhai yn gwasanaethu'r Arglwydd ar eu gliniau, rhai drwy lefaru, a rhai drwy ddefnyddio caib a rhaw.

[81]ibid., Adroddiad 1969.

Ond un peth oedd gofalu am y tu allan. Yn ei Anerchiad am 1955 gwnaeth y pwynt hwnnw'n ddigon eglur i bawb drwy ddyfynnu hen grwydryn (Twm Shot siŵr o fod) a arferai grwydro'r ardal:

> Wrth sylwi ar allanolion-bethau capeli, ac eglwysi, a mynwentydd ar hyd y wlad, teimlaf fod y rhai hynny yn ddangoseg go gywir o gyflwr moesol ac ysbrydol, y rhai sy'n gyfrifol amdanynt.[82]

Mae'n briodol nodi bod y ddwy eglwys, yn ei gyfnod, wedi cael cyflenwad o ddŵr a thrydan. Gosodwyd y cyflenwad trydan yng Nghapel, Festri a dau dŷ Eglwys Bryn-mair yn 1955 a goleuwyd Capel a Festri Beulah o'r newydd yn 1960, a chasglwyd mwy na digon o arian i dalu am y gwaith ac i osod gwresogyddion trydan.

A chyda dyfodiad trydan oddi ar y prif gyflenwad prynwyd dwy organ drydan. Talwyd £756 am Single Manual Electronic Compton Organ i Beulah a £1000 am Double Manual Electronic Compton Organ i Fryn-mair. Yr oedd gwerthoedd dyrchafol i'r offerynnau cerdd hyn yng ngolwg Tegryn Davies:

> Gobeithio y bydd hyn yn ysbrydiaeth i'r chwaraewyr i ymberffeithio'n barhaus, a thrwy hynny i wneud y defnydd gorau ohonynt gyda chaniadaeth y cysegr, yng ngwasanaeth y Duw sanctaidd, yr hwn sydd yn cyfanheddu ym Moliant Israel. [83]

Ond nid oedd o blaid gormod o garpedi mewn capel. Mynnai fod carpedi yn rhwystr rhag bod lleisiau yn cario. A chofir amdano yn angladd John James, Brynheulog, a oedd yn ddiwinydd craff, yn dweud mai ar un peth yn unig yr anghytunodd y ddau erioed. Credai John James fod angen y gorau posibl mewn addoldai tra oedd Tegryn Davies o'r farn y medrid addoli mewn unrhyw le ac yn sicr yn 'ein hen addoldai llwm'.

---

[82]ibid., Adroddiad 1954.
[83]ibid., Adroddiad 1961.

Ei ddau dalcwaith adeiladol fu adnewyddu'r ddau dŷ ym Mryn-mair ddiwedd y pumdegau ac ymhelaethu'r Festri ym Meulah ganol y chwedegau. Yn naturiol, derbyniwyd cymhorthdal gogyfer â'r fenter ym Mryn-mair ond bu'n ofynnol i'r Eglwys ddod o hyd i symiau sylweddol o arian. Ac nid oedd pawb o blaid. Byddai rhai aelodau'n ddigon difater i ganiatáu iddynt ddirywio ymhellach a mynd yn adfeilion. Roedd eraill o'r farn eu bod yn dreth ar yr Eglwys ac y dylid eu tynnu i lawr i gael maes parcio. A dadleuai un aelod dros ddymchwel y ddau dŷ a chodi un tŷ mawr newydd. Ond fel arfer yr oedd Tegryn Davies yn benderfynol ac fe enillodd y dydd. Bu hyd yn oed blant yr Ysgol Sul wrthi'n codi arian:

Rhaid ydoedd rhoddi enwau plant Bryn-mair i mewn y tro hwn gan iddynt gyfrannu'n sylweddol tuag at anturiaeth go fawr sydd yn dod i ben mor llwyddiannus—anturiaeth a fydd yn golygu mwy i'r plant hyd yn oed na'r rhai sydd yn hŷn.[84]

Ac mae'n rhaid ei fod wedi wynebu llawer storm. Roedd yn ddeifiol yn ei anerchiad y flwyddyn flaenorol:

Heblaw fod dau dŷ braf wedi eu codi, a fydd yn gyfalaf i'r eglwys yn y dyfodol, teimlaf fy mod wedi cael cyfle da i adnabod yr aelodau, nid yn ôl maint y swm bob tro, ond yn ôl y parodrwydd i aberthu dros yr achos.[85]

Gwir ei broffwydoliaeth. Yn ei anerchiad olaf (1969) yr oedd yn amcangyfrif eu gwerth rhwng £9,000 a £10,000. A beth yw eu gwerth heddiw!

Priodol nodi hefyd iddo lwyddo i gael darnau o dir gan Mr a Mrs Duckworth, Ffynnon-wen, gogyfer â phydew carthffosiaeth a maes parcio.

Os bu ambell awel groes ym Mryn-mair ynglŷn â'r ddau dŷ bu aml storm ym Meulah ynglŷn â'r Neuadd Goffa. I amgyffred y sefyllfa mae'n rhaid mynd yn ôl i adeg y rhyfel ac Adroddiad y Gweinidog am 1943:

[84]ibid., Adroddiad 1958.
[85]ibid., Adroddiad 1957.

Yng nghyfarfod cyfrifon dechrau'r flwyddyn newydd awgrymwyd ein bod yn helaethu festri Beulah, a'i gwneud yn adeilad cyfaddas i gynnal eisteddfod a drama, ac unrhyw beth arall a ddewiso'r mwyafrif yn y lle. Y Sul Cymundeb canlynol penderfynwyd yn unfrydol ein bod yn casglu mil o bunnoedd tuag at godi adeilad pwrpasol, naill ai drwy helaethu'r festri, neu godi neuadd newydd,—hyn i'w benderfynu eto. Gallasem feddwl mai neuadd sydd ym mryd y mwyafrif o'r ieuenctid.[86]

Bu'n dda iddo wrth hyblygrwydd y cofnod hwn ymhen ugain mlynedd. Yn ei Adroddiad am 1965 y mae'n nodi'r fantais o gadw dyddiadur a chofnodion manwl ac yn dyfynnu'r cofnod. Ond ni freuddwydiodd am hynny yn 1943. Ymhen y flwyddyn, yn ei Adroddiad am 1944 dywed:

Dengys y swm sylweddol a gasglwyd eisoes bod cydweith-rediad mawr yn ffynnu ynglŷn â'r neuadd newydd.[87]

Cofnodir datblygiad pellach yn ei anerchiad am 1945:

Heblaw'r swm sylweddol, y mae Mr a Mrs Edward Lloyd Davies wedi addo digon o dir i godi'r neuadd arno . . . Bydd yr adeilad newydd yn goffa am rywrai annwyl na wyddom yn iawn y fan y gorwedd y rhan farwol ohonynt.[88]

Yr oedd Mrs Edward Lloyd Davies, sef Rachel Mary Davies, yn organyddes ac yn ferch i D. Dalis Davies y cyn-Weinidog. Ei thad fu'n bennaf gyfrifol am sicrhau ysgol ddyddiol i'r pentref, ac ef fu'n gyfrifol am godi'r Festri tua throad y ganrif. A sylwer mai sôn am godi neuadd sydd bellach, a hynny'n groes i hyblygrwydd y cofnod cyntaf.

Bu anghydweld tan y chwedegau! Roedd rhai aelodau am godi Neuadd Goffa fel y medrid cynnal pob peth bron ynddi gan gynnwys gyrfaon chwist a raffl. Yr oedd Tegryn Davies yn gwrthwynebu hapchwarae o bob math. Cofir amdano'n dwrdio'r

[86]ibid., Adroddiad 1943.
[87]ibid., Adroddiad 1944.
[88]ibid., Adroddiad 1945.

arfer o rasio milgwn ar gae cyfagos o'r enw Bryn-du a'r betio tawel bach pan ddaeth yn weinidog ifanc ddechrau'r tridegau, a gwyddys iddo eilio Penderfyniad a gariwyd yng Nghwrdd Chwarter Cyfundeb Annibynwyr Ceredigion ym Mhencader ym mis Tachwedd 1945. Anfonwyd copi o'r Penderfyniad at bob gweinidog ac ysgrifennydd eglwys yn y Cyfundeb. Ac yn ddiddorol iawn anfonwyd copi hefyd at Bwyllgor Athrawon y Sir! Geiriad y Penderfyniad oedd:

> Ein bod fel Cyfarfod Chwarter Annibynwyr Ceredigion yn dymuno datgan ein gofid dwys at gynnydd cyfleusterau 'Gamblo' yn yr ardaloedd gwledig. Nid yw ein protest yn erbyn chwaraeon glân ond yn erbyn yr arfer llygredig ac annonest o 'Gamblo'. Dymunir anghymeradwyo pob math ar 'Rafflo' yn yr eglwysi a'r wlad fel peth hollol anfoesol ac anghyfreithlon. Erfyniwn yn daer ar arweinwyr crefydd a diaconiaid beidio â chefnogi un math ar chwarae neu redegfeydd y caniateir i'r 'Bookmakers' ddod i mewn i'r maes. Dymunwn o ddifri arnoch i gefnogi eich gweinidog yn ei safiad o bryd i bryd yn erbyn pob math ar hapchwarae gan gofio bob amser urddas Eglwys Iesu Grist a neges bendant yr Efengyl. [89]

Dadlennol iawn o gofio am y Sioeau Amaethyddol Blynyddol a'u Rasio Ceffylau fin nos a gynhelid ym Meulah!

Yr oedd eraill, gan gynnwys y gweinidog, oherwydd ei brofiadau fel aelod o Bwyllgor y Neuadd yn Aber-porth, o'r farn y byddai'n fwyfwy anodd cynnal Neuadd Goffa. Cytunai llawer ag ef gan enwi pentrefi mewn trafferthion. Ac o godi Neuadd ar y darn tir yr oedd addewid amdano, a hwnnw mor agos os nad gyferbyn â'r Capel, y Festri a'r fynwent, gallasai gweithgareddau swnllyd ac afreolus fod yn andwyol. Yn naturiol dymunai Mrs Edward Lloyd Davies gadw'r Festri fel ag yr oedd. Roedd eraill o'r farn y byddai'r Festri, o'i helaethu ac o golli'r lle tân, yn oer iawn. Mynnai rhai o'r ieuenctid bod sicrhau llwyfan priodol, ystafell newid y tu ôl a goleuadau pwrpasol gogyfer â chyngherddau a dramâu, yn hanfodol. Ond

[89]*Cofnodion Cyfarfod Chwarterol Annibynwyr Ceredigion, Cyfrol 5, 1932-1946*, Pantycrugiau, Tachwedd 21, 1945.

yr oedd cyfyngiadau lle : yr oedd beddau yn gyfagos. Honnai rhai a gyfrannodd y byddent yn hawlio'u harian yn ôl pe na chodid Neuadd Goffa. Ac yr oedd pobl o'r tu allan i'r Eglwys wedi cyfrannu ac yn disgwyl Neuadd Goffa yn hytrach nag ar ehangu Festri Beulah.

Afraid pwysleisio i rai o'r Cyfarfodydd Eglwys a gynhaliwyd fod yn rhai anodd i Tegryn Davies eu cadeirio. Dywedwyd pethau mawr. Aeth pethau cynddrwg mewn un nes iddo gychwyn cerdded allan ond fe'i rhwystrwyd yn y drws gan Nona Richards. Ond roedd y gwrthwynebwyr i helaethu'r Festri mewn lleiafrif a phan atgoffwyd y gweinidog am hyblygrwydd y cofnod gwreiddiol gan S. A. Lloyd fe wyddai y byddai'n ennill y dydd. Meddai yn ei Anerchiad am 1964:

> Ionawr 22—Cwrdd Eglwys ym Meulah. Trefnu i gario'r gwaith ymlaen ar ôl deunaw mlynedd o oedi.[90]

Cofnod byr a bachog. Ond y mae'n rhaid nad oedd pawb yn berffaith fodlon a bu'n rheidrwydd arno i ailddatgan y cofnod gwreiddiol yn ei Adroddiad am 1965. Aethpwyd ati i ymhelaethu'r Festri o'r diwedd:

> Ionawr 30 (1965)—Mynd drosodd i Beulah i gwrdd â Mr Roberts, Trewen, yr Arch-adeiladydd. Gwneud trefniadau terfynol ynglŷn â'r Festri.
> Mai 6 (1965)—Sail y Festri a'r clawdd terfyn yn cael eu symud ym Meulah.
> Mai 9 (1965)—Cwrdd Eglwys yn cadarnhau fod Mr J. V. Elias yn ailadeiladu'r Festri.[91]

A theg nodi mai rhai o'r gwrthwynebwyr ffyrnicaf i ymhelaethu'r Festri oedd y cyntaf i gynorthwyo pan aethpwyd o'r diwedd at y gorchwyl, ac ni wyddys i sicrwydd am neb a

---

[90]T. Tegryn Davies, Anerchiad, *Adroddiad Eglwysi Annibynnol Beulah a Brynmair 1964*, E. L. Jones. Argraffydd, Aberteifi, 1965.

[91]ibid., Adroddiad 1965.

hawliodd ei gyfraniad yn ôl! Medrir synhwyro bodlonrwydd Tegryn Davies pan ddywed yn ei anerchiad am 1965:

Helaethwyd y ddwy festri a gwnaed llawer o waith gwirfoddol yn ogystal â gwaith y talwyd amdano mewn arian. Y mae y gwelliannau yn amlwg i bawb. Byddant yn fendith fawr i'r dyfodol.[92]

Y flwyddyn ganlynol trefnodd i brynu 'Sliding Partition' i'r Festri newydd ym Meulah o hen Ysgol Gynradd Aberteifi. Yn ei anerchiad am y flwyddyn ganlynol (1968) dywed:

Mehefin 24—Cwrdd Eglwys Beulah. Trefnu derbyn ffigurau i beintio ac atgyweirio'r Capel a'r amgylchedd.[93]

Yr oedd wedi cael popeth i drefn cyn ymddeol y flwyddyn ganlynol. Meddai yn ei anerchiad olaf am y llwyddiant i ymhelaethu'r Festri:

Gofynnwyd i rai o grefftwyr deheuig yr Eglwys [Beulah] i gyflawni'r gwaith, a theg yw nodi fod y Festri a'r gegin newydd yn glod i'w gweledigaeth.[94]

Ond gweledigaeth pwy oedd hi mewn gwirionedd! Gwyddys iddo ef gyfrannu £50 at Gronfa'r Neuadd yn 1945. Nid oedd ei gydnabyddiaeth am y flwyddyn ond £375-16-6. Yn ôl Adroddiad 1945 dim ond pump arall a gyfrannodd gymaint â hynny, ac ni chyfrannodd neb fwy na £50.

---

[92]ibid.
[93]ibid., Adroddiad 1968.
[94]ibid., Adroddiad 1969.

Pennod 5

Y BUGAIL A'R YMWELYDD. Y CYMYDOG. MEWN PROFEDIGAETH. BUGEILIAETH YR HEDDYCHWR O DEULUOEDD ADEG Y RHYFEL

Y BUGAIL A'R YMWELYDD

Roedd Tegryn Davies yn fugail cydwybodol ac annwyl iawn. Yn ôl ei olynydd James Henry Jones byddai'n troi i mewn i gartrefi ei aelodau yn aml ond nid mor gyson reolaidd â'i ragflaenydd. Byddai D. Dalis Davies yn gwneud pwynt o alw ym mhob cartref ddwywaith y flwyddyn! Ond byddai Tegryn Davies yn sicr o alw pan oedd angen. Disgrifiodd D. Hughes Jones ef fel:

> Bugail traddodiadol a wyddai ble a sut roedd pob un o'i braidd yn byw. Roedd ei fysedd ar byls ei braidd yn eu gofid, eu tristwch a'u llawenydd.

Bugeiliai lawer iawn yn anuniongyrchol. Roedd fel petai ganddo ddigon o amser i bawb. Pan ar droed neu yn ei gar arhosai i siarad os gwelai aelod y tu allan i'w dŷ neu wrth ei waith. Yn aml rhoddai gyngor neu ddau digon buddiol beth bynnag fyddai'r gorchwyl ar y pryd. Ac os oedd rhywun yn adeiladu cartref neu yn codi estyniad byddai wrth ei fodd yn awgrymu fel hyn ac fel arall. Eglurai'r rheswm am ei siwrne! Gan fod pobl y wlad yn dweud wrth ei gilydd roedd hyn wrth gwrs yn un ffordd o sicrhau bod eraill yn cael gwybod ei fod wrthi'n bugeilio! Yn ddiddorol iawn, yr oedd ei gerddediad yn dawel a hamddenol ond gyrrai ei gar yn beryglus o gyflym fel petai bob amser ar frys gwyllt! A byddai'n 'freewheelio' i lawr pob rhiw er mwyn arbed petrol! Ar ddiwedd y chwedegau, dygwyd ef i'r Llys o ganlyniad i ddamwain ger Penparcau, Aberystwyth. Honnwyd iddo daro dynes ar y pafin a chafwyd ef yn euog o yrru'n ddiofal. Collodd ei drwydded am gyfnod ond yn ôl gwrandawyr yn y Llys go brin y byddid wedi ei gael yn euog oni bai ei fod, yn hollol annisgwyl ac yn groes i'w gymeriad, yn dyst mor wan ac anghyson wrth gael ei holi. Efallai iddo fod yn ddrwgdybus o'r Heddlu ar ôl hynny oherwydd yn ôl Oliver Davies:

Os gwelai gar yr Heddlu yn y cyffiniau, gofynnai imi rybuddio'r cwsmeriaid a fyddai'n codi petrol i fod yn ofalus!

Nid oes amheuaeth na fu, rhwng ei Weinidogaeth a'i gyfrifoldebau ar y Cyngor Sir, yn gymwynaswr i bawb yn yr ardaloedd bron. A gwyddys ei bod yn bosibl cyfuno cyfrifoldebau o bryd i'w gilydd. Cofir amdano'n dweud yn fynych bod un peth yn medru helpu'r llall ac os oeddech am rywbeth wedi ei gyflawni, wel! gofyn i rywun prysur amdani gan na fedrai'r sawl â gormod o amser ar ei ddwylo gael ei feddwl at ei gilydd i wneud dim. Ar yr un trywydd cynghorai bawb i fanteisio ar bob cyfle a chyflawni tri neu bedwar o orchwylion yn ystod unrhyw daith. Cerddai ef yr ail filltir gyda pharodrwydd mawr. Cofia Idwal Edwards am achlysur o salwch difrifol sydyn yn y teulu. Gan fod y claf yn eithaf gwael galwyd ar Tegryn Davies. Yr oedd chwaer-yng-nghyfraith y claf wedi dal y bws o Aber-porth i Gastellnewydd Emlyn a Chaerfyrddin er mwyn dal y trên a sylweddolwyd yr angen i'w galw'n ôl. Sylweddolodd Tegryn Davies mai'r ffordd gyflyma' o wneud hynny oedd iddo ef fynd yn ei gar ar ôl y bws. Ond nid oedd yn adnabod y chwaer. Felly aeth ag Idwal gydag ef:

Gyrrai mor gyflym i ddal y bws roedd rhaid imi gau fy llygaid. Ac fe ddaliwyd a phasiwyd y bws ger Llangeler. Stopiwyd y bws gan y Parchedig a gorchymynnodd fi i fynd i mewn i ofyn i Gwyneth ddod allan.

Galwai yn siopau ei aelodau yn rheolaidd i'w cefnogi ac i gael gwybod hynt a helynt y gymdogaeth. Âi i de at aelodau Beulah rhwng y Cwrdd Prynhawn a'r Cwrdd Nos a chael y cyfle gorau i ddod i adnabod ei aelodau a'u plant yn iawn ac iddynt hwythau gael dod i'w adnabod yntau. Ni fyddai byth yn sych-dduwiol a deuai ei gymeriad digon direidus a'i wên awgrymog i'r amlwg ar yr achlysuron hyn. Ac mewn cwmni bach ni fyddai pall ar ei storïau. Ond ni ddatgelai gyfrinachau. Medd Mair Woolley:

> Os oedd problem, medrech fynd ato a gofyn am gyngor gan wybod na fyddai byth yn ailadrodd cyfrinachau o dŷ i dŷ.

Disgwyliai i'w aelodau fynychu'r oedfaon. Os oedd rhywun annisgwyl yn esgeuluso'r moddion byddai'n galw a dweud:

> Dwi ddim wedi eich gweld chi yn y Cwrdd ers llawer dydd a ro'n i'n ofni falle bod chi'n achwyn.

Medrai fod yn fachog a deifiol hefyd. Cofia Mair Woolley am rywun yn dweud wrtho nad oedd wedi ei weld ers llawer dydd. Ateb y gweinidog a hanner gwên ar ei wyneb oedd:

> Dwi ddim wedi eich gweld chi chwaith!

Wrth ymweld â'r cleifion dywedai na fedrid disgwyl i'r meddyg wneud y gwaith i gyd. Meddai Glyn Davies:

> Roedd e'n dweud yn blaen bod y Doctor yn gallu gwneud chwarter y gwaith ond bod rhaid i'r claf wneud tri chwarter y gwaith.

Nid yw'n syndod o gwbl iddo honni hynny. Adroddai o hyd amdano'n clywed nyrs yn dweud wrth weinidog a alwodd i'w weld pan oedd e'n wirioneddol wael yn Ysbyty Aberystwyth ddechrau'r pedwardegau, na fyddai e gyda nhw y bore wedyn. Dywedai fod clywed hynny wedi gwneud iddo benderfynu dal ati a mynnu byw yn hytrach na marw! Doedd dim rhoi i mewn i fod. Cofia Alun, y mab, amdano'n:

> . . . gyrru i'r Ysbyty ychydig ddyddiau cyn y Nadolig ac yn gofyn i berchennog modurdy wrth ymyl am ganiatâd i barcio'r modur am chwech wythnos tra byddai'n cael a gwella o driniaeth lawfeddygol ac yn barod i yrru adref!

Ac yn ôl ei fab, yr oedd wedi mynd allan i saethu cyn mynd i'r ysbyty fel bod hwyaden wyllt gyda'i fam ac yntau i ginio Nadolig!

Byddai bob amser yn rhoi digon o halen yn nŵr y bath ac yr oedd ganddo gred ddiysgog yn rhinweddau afalau, orenau, wyau a blodau'r ysgawen. Yn wir haerai bod llyncu wyau a bwyta orenau wedi achub ei fywyd. Dywedai iddo lwyddo i orffen ysmygu pib erbyn nos drwy fwyta afal bob tro y deuai'r blys heibio. Anogai ysmygwyr ifainc i ddefnyddio'r un feddyginiaeth! Yr oedd yn ffyddiog nad oedd Alun ei fab yn ysmygu gan iddo sylwi na fedrai danio matsen yn ddeheuig. Ni fyddai pall ar ei anogaeth i lyncu wyau at y llais ac i gryfhau. Casglai lawer iawn o flodau gwynion yr ysgawen bob haf er mwyn eu sychu, ac yn y gaeaf arllwysai ddŵr berw arnynt i'w yfed rhag cael annwyd. Anogai bawb i wneud yr un fath gan fod y feddyginiaeth yn llawer mwy effeithiol na gwin blodau neu ffrwythau'r ysgawen! Byddai'n tyfu digonedd o afalau yn ei ardd (a'i berllan yn nes ymlaen) ac yn prynu orenau wrth y cas! Yn ôl Ray Davies:

> Byddai Mrs Tegryn Davies yn pilo'r orenau cyn mynd â nhw i rywrai yn yr Ysbyty gan nad oedd neb tost, mynte hi, yn hoffi pilo orenau.

Yn ôl John Eirwyn Evans byddai hefyd yn prynu grawnffrwyth wrth y cas er mwyn eu rhannu ymysg yr henoed gan eu hannog i'w torri yn eu hanner a'u bwyta a mêl neu siwgr arnynt yn y bore.

Gweddïai bron yn ddieithriad dros y plant oddi cartref, y cleifion a'r caethiwus gan ddiolch am y rhai a ofalai amdanynt. Ceir enghraifft o hyn yn ei weddi yn yr oedfa a ddarlledwyd o Beulah yn 1953:

> Bendithia blant y fro, y rhai sydd gyda'i gorchwylion . . . ledled y byd. Cofia yn dy drugaredd am y rhai sydd yn hen ac yn unig, y difraint a'r diamddiffyn, y rhai sydd mewn blinder ac adfyd, mewn gofid a hiraeth. Cyflwynwn i'th ofal caredig y rhai sydd . . . wedi eu caethiwo i'w catrefi, eraill wedi eu caethiwo mewn

ysbytai. Diddana eu hysbryd. Diolchwn am y galon garedig a'r dwylo tyner sydd yn gweini arnynt.

Ac yn naturiol cyfeiriai atynt yn ei adroddiadau blynyddol:

Cydymdeimlwn yn fawr â nifer o'n cydaelodau sydd wedi eu caethiwo gan afiechyd, a dymunwn iddynt, os Duw a'i myn, adferiad buan.[95]

Nodded y nef a fyddo'n gysgod i'r galarus, yr hen a'r methedig, y claf a'r unig.[96]

Nawdd y nef a fyddo dros yr hen a'r llesg yn y llwythau.[97]

Dywedai'n glir nad cyfrifoldeb y gweinidog yn unig oedd bugeilio:

. . . bydded i bawb ohonom i wneud ein rhan, i'w cysuro a'u diddanu, hyd nes y delont eto yn alluog i gerdded eu rhodfeydd cynefin.[98]

Ac wrth gwrs byddai'n bugeilio yn anuniongyrchol mewn priodas. Gosodai esiampl. Pregethai yn ei fywyd bob dydd yn ogystal â'r Sul. Roedd ef a'i briod yn llwyrymwrthodwyr y ddiod gadarn. Canmolai'r teuluoedd a fedrai ddathlu'n llawen a naturiol mewn gwledd briodas heb bresenoldeb y ddiod. Ni fynnai 'fod yn sbôrt' rhag i neb gychwyn yfed am iddo weld gwydr yn ei law ef. Gwelai ei gyfle mewn ambell briodas. Cofia Lorenza Davies amdano yn dweud wrth y gynulleidfa a wyliai briodas un dydd Sadwrn ym Meulah:

Rwy'n gobeithio eich bod chi gyd yn mwynhau i fyny ar y galeri yn y fan yna. Mwynhau gymaint yn wir fel y byddwch chi yna eto yn yr oedfa fory!

[95]T. Tegryn Davies, Anerchiad, *Adroddiad Eglwysi Annibynnol Beulah a Brynmair 1944*, D. R. Davies, Castellnewydd Emlyn, 1945.
[96]ibid., Adroddiad 1956.
[97]ibid., Adroddiad 1959.
[98]ibid., Adroddiad 1933.

Yn ôl Ray Davies rhoddai Mrs Davies ac yntau anrheg priodas i bob aelod a briodai.

Ond er mor garedig oedd y ddau, ac er mor hawdd y medrai'r ddau sgwrsio'n naturiol â phawb am bopeth bron, dywed eu mab na fyddent yn cymdeithasu yng nghartrefi'r aelodau:

Roedden nhw yn cymryd diddordeb ym mhawb ond ni ddymunent ddangos ffafriaeth i neb. Ac yr oedd gymaint o waith i'w gyflawni fel nad oedd ganddynt amser i gymdeithasu.

Y CYMYDOG

Gwyddys am y pwyslais a roddodd Iesu Grist ar garu cymydog. Roedd 'cymdogion' Mr a Mrs Tegryn Davies o bell ac agos. Rhwng aelodau'r Eglwysi, aelodau'r Tonic Sol-ffa, aelodau Adran ac Aelwyd yr Urdd, y dysgu canu a'r adrodd a phlwyfolion ei etholaeth ar y Cyngor, yr oedd y mynd a'r dod yn Y Marian yn rhyfeddol. Roedd rhywrai'n galw a'r ffôn yn canu drwy'r dydd:

Pa sawl gwaith y curwyd wrth ddrws 'Y Marian' Aber-porth neu y canwyd cloch y teleffon, yn y nos fel yn y dydd i erfyn cymwynas? A graslonrwydd di-sôn-amdano y wraig hon yn ymestyn dros ben terfynau ac ystyriaeth bersonol.[99]

Ond yn rhyfeddol deuent o hyd i amser i gynorthwyo pob un a gwnaent hynny gyda sirioldeb a diddordeb. Yr oedd ganddynt amser i'w cymdogion llythrennol agos hefyd. Buont yn hynod o garedig a gwarchodol dros David T. a Mary Evans, Llys Dewi a gododd y ddau dŷ. Cludent hwy yn ôl a blaen o'r cyfarfodydd yn Mryn-mair. A phriodol crybwyll bod David T. a Mary Evans wedi cydnabod eu gwerthfawrogiad yn eu hewyllysiau.

[99] D. J. Roberts, Mrs Tegryn Davies, *Y Faner*, 6 Ebrill 1979.

Bu teulu Fferm y Dyffryn yn gymdogion i Mr a Mrs Tegryn Davies am flynyddoedd lawer. Yn ôl Alan Davies byddent yn cerdded y da 'nôl a blaen ac os na fu un ohonynt yn y Cwrdd y diwrnod cynt byddai'n dweud:

Welais i'r un ohonoch chi ym Mryn-mair ddoe.

Cadarnhaodd Alan Davies ei fod yn saethwr da ac na fyddai angen gofidio am y brain a'r piod yn y caeau llafur y tu ôl i'r Marian gan y byddai ef yn eu saethu nhw. Ac yn y caeau hyn y bu'n recordio'r rhegen yr ŷd olaf i ymweld â'r ardaloedd hyn. (Mae'r tâp hwnnw wedi ei ddiogelu ac ym meddiant ei fab, Alun.) Saethai wylanod a feiddiai faeddu to'r tŷ! Nid oedd arno ofn uchder. Dringai heb betruso i ben to a simnai yn ôl y galw.

Soniwyd am godi Llys Dewi a'r Marian. Mewn bron trigain mlynedd nid oes ond pum teulu wedi byw yn y ddau dŷ! Symudodd Rhiannon Sanders a'i phriod cyntaf i Lys Dewi yn 1963 wedi marwolaeth David a Mary Evans. Ym marn Rhiannon Sanders, Mrs Davies oedd yn cadw trefn:

Hi oedd y cefn sefydlog ond wnâi hi fyth amau'i safbwynt na'i ddoethineb yn gyhoeddus.

Pan fyddai'n tynnu ei choes yn y tŷ byddai hi'n mynd yn swil reit ac yn cochi ychydig fel merch yn caru yn ei harddegau.

Yn ôl Alun Meredydd Tegryn Davies byddent yn codi bob dydd rhwng 5.30 a 6 o'r gloch y bore ac wrthi drwy'r dydd:

Gweithiai hi yn llythrennol ddiseibiant o un dydd i'r llall ond fe gymerai e ambell hoe fach gan gysgu'n drwm am hanner awr. Yna byddai wedi ei adnewyddu'n llwyr ac yn ailafael yn ei orchwylion oherwydd nid oedd angen llawer o gwsg arno prun bynnag.

Ni fynnai yr un ohonynt wastraffu amser fel y tystia June Lloyd Jones:

Tan y diwedd byddent yn codi am 7.40 y bore ac wrthi tan 12 neu 12.30 y nos. Ac ynghanol eu prysurdeb byddent yn byw i'w gilydd ac yn cael llawer iawn o sbort gyda'i gilydd.

Yn ôl pob tystiolaeth nid oedd trefn bendant i'w diwrnodau. Byddent yn byw'n rhwydd gan gyflawni un gorchwyl ar y tro fel pe na byddai dim arall yn disgwyl amdanynt. Dywed eu mab, Alun, drachefn:

> Yr oedd eu dyfalbarhad cynhenid yn sicrhau nad oedd gwaith caled cyson yn eu cael i lawr. Byddai nhad hyd yn oed yn cael amser i'r rheidrwydd o 'dapo' sgidiau am ei bod yn anodd cael dau ben llinyn ynghyd.

Ac fel enghraifft o ymarferoldeb ei dad fe gofia Alun amdano yn peintio pâr o esgidiau pan fethwyd yn lân â chael rhai o'r lliw priodol i 'fynd gyda'r' dillad newydd a brynwyd gogyfer ag un achlysur arbennig!

Roedd y ddau yn hoff o arddio ac roedd hi'n meddwl y byd o'i blodau. Byddai ef bob amser yn gwisgo dillad parch—siwt gyfan, coler a thei a het! Nid ei siwt orau a wisgai i'r ardd, wrth reswm, ond 'dillad parch' fyddai ei ddillad gwaith ar wahân i'w welingtons! Gwisgai hi ffedog. Yn ôl Rhiannon Sanders, er ei fod yn ceisio gwneud popeth y ffordd hawsaf, meddai ar ymennydd fel cyfrifiannell a byddai'n costio pob peth. Byddai'n llwyddo i wneud pethau allan o ddim bron. A hynny heb ddefnyddio'r crefftwyr gorau bob amser. Byddai'n aml yn cael help llaw gan gymwynaswyr a oedd yn hanner crefftwyr neu yn grefftwyr digon medrus yn eu priod faes ond na feddent yr union grefft yr oedd ei hangen ar y pryd! Yr oedd popeth a geisid ar gael yn y Marian. Ni thaflent ddim ac yr oedd y siediau mas yn orlawn. Cred Alun mai athroniaeth ei dad oedd:

> Os oedd ynni yn rhywbeth rhaid oedd ei ddefnyddio. Iddo ef yr oedd holl Fyd Natur at wasanaeth dyn.

Byddai Tegryn Davies yn galw rownd y cefn i weld Miss Twiss, modryb Roderic Bowen, bob bore. Mae'n debyg ei fod, ymysg cymwynasau eraill, yn didoli'r post er mwyn ailgyfeirio'r pethau pwysig i'r Aelod Seneddol yn Llundain. Gwerthfawrogai Roderic Bowen y caredigrwydd:

73

Yn rhyfedd o garedig. Cymdogion heb eu hail . . . A fedra i ddim meddwl am neb yn fwy defnyddiol o garedig na Mr a Mrs Davies.[100]

Yr oedd Roderic Bowen yn berchen ar ddarn helaeth o dir yr ochr arall i'r ffordd a bu Tegryn Davies ac yntau yn ei arddio ar y cyd. Roedd y rhandir hwn yn ychwanegol at ardd helaeth Y Marian. Mae hanes am lwyth o galch yn cyrraedd y rhandir hwn yn fore iawn. Yn ôl y sôn, nid oedd Roderic Bowen wedi codi a daeth allan yn ei byjamas. Yr oedd Tegryn Davies wrth gwrs wedi hen godi ac eisoes wedi gwisgo siwt barchus i fynd i angladd. A daeth yntau allan i oruchwylio a gwneud yn siŵr y byddai'r llwyth calch yn cael ei ddymchwel yn y lle iawn. Ond safodd yn rhy agos i'r lorri pan ddigwyddodd hynny a chan fod gwynt gweddol gryf o'r môr fe wyngalchwyd ei siwt mewn amrant. Ac yn ôl llygad-dystion, fe gerddodd Tegryn Davies yn ôl i'r tŷ y bore hwnnw cyn debyced ag y medrai unrhyw un fod o ran pryd a gwedd ac osgo i angel!

Ac fel petai'r ardd helaeth a'r rhandir ddim yn ddigon byddai'n plannu rhych neu ddwy o datws yn Werngadno ar ddechrau ei Weinidogaeth ac yna gydag Elfyn Owen ym Mwlchcrwys yn nes ymlaen. Ie, plannu tatws a wnâi ar ôl i'r rhychau gael eu cau'n llawn dom ac nid eu gosod yn yr achles cyn cau'r rhychau. Roedd rheswm da am hyn. Byddai wedi sbrowtio'r tatws yn llofft y tŷ ac yn y tŷ gwydr a rhaid oedd gochel rhag niweidio'r egin. A rhannai datws wedi'u 'sbrowtio' i gymdogion ac aelodau diolchgar. Gan Elfyn Owen hefyd y cawsai ddigonedd o gordyn byrnau gogyfer â'r rhychau ffa dringo. Yr oedd cordyn byrnau Elfyn Owen yn rhagori ar gordyn byrnau ffermwyr eraill am ei fod yn ddigon darbodus i'w dorri bob amser yn ymyl y cwlwm! Nid oedd gwastraffu na phrynu i fod os medrid peidio ond rhoddai gynnyrch y ddaear yn llawen. Meddai yn ei weddi yng ngwasanaeth y ddwy Eglwys a ddarlledwyd o Beulah:

[100]Roderic Bowen, *Tâp Cwrdd Tystebu Eglwysi Beulah a Bryn-mair a gynhaliwyd ym Meulah 29 Rhagfyr 1969.*

Diolchwn am fore o haf fel hyn pryd y mae pob perth a maes a gardd yn llwythog o'th fendithion Di . . . Cynorthwya ni i werthfawrogi dy drefn a'th gysondeb di yn y tymhorau a'r bendithion lawer a ddaw i ni drwyddynt mor gyson.[101]

Hen ferch, dwt, byr o gorff oedd Miss Twiss. Hanai o Ddeganwy, siaradai Saesneg a medrai fod yn ddiflewyn-ar-dafod. Cofia Rhiannon Sanders am y berthynas ddigon rhyfedd rhwng y ddau. Byddent yn gweld beiau'i gilydd:

. . . gwelai ef ei beiau hi a'u dweud nhw wrtha i, fe welai hi ei feiau ef a'u dweud nhw wrtho fe!

Byddai Miss Twiss wrth ei bodd yn dal Tegryn Davies ar ei gam. Un tro daeth cath ddu i geisio ymgartrefu gyda Miss Twiss. Ac meddai hi wrtho, 'If this cat is a she cat I don't want it!' Edrychodd y Parchedig a chyhoeddodd mai cwrcyn oedd y gath ac fe'i bedyddiodd yn Twm Twiss. Cyn pen fawr o dro yr oedd Twm Twiss wedi esgor ar bedair cath fach a phan aeth Tegryn Davies draw meddai Miss Twiss yn Saesneg, gan bwyntio at y gath a'i hepil:

Bore Da! Efallai eich bod chi yn Weinidog yr Efengyl ond 'dych chi ddim yn gwybod pob peth!'

Mwy na thebyg y gwyddai'r gweinidog yn iawn am rywogaeth Twm Twiss o'r dechrau ond yr oedd angen cartref da ar y gath! Bu'n adrodd y stori ym mhob man gan ei fod yn barod iawn i wneud sbort ar ei ben ei hunan. Yn wir yr oedd yn hoff iawn o gathod. Cofia William Davies amdano'n dweud ei fod yn siŵr mai:

. . . eu rhegi nhw yn ei ffordd ei hunan oedd y gath pan fyddai'n mewian wrth i Mrs Davies ac yntau fynd a'i gadael am gyfnod ambell waith.

[101]T. Tegryn Davies, Gweddi, *Recordiau o Wasanaeth y ddwy Eglwys a ddarlledwyd ar y Radio o Eglwys Beulah, ar 21 Mehefin 1953.*

Adroddai hefyd fod y gath ac yntau'n ffrindiau mawr ac y byddai'r hen gath:

> . . . ar adeg pan fo ei drwyn yn gwaedu ambell noson yn gorwedd ar ei hyd ar y llawr gydag e!

Cofia Rhiannon Sanders amdani, ar ddiwedd wythnos anarferol o wlyb, yn gorfod gadael y dillad allan i sychu dros nos Sadwrn. Pwy oedd yn ei gwylio'n casglu'r dillad sych fore Sul ond Tegryn Davies. Dyma hi'n egluro'r amgylchiadau. Ei ymateb oedd dweud ei fod:

> . . . yn gadael y pethe 'na rhyngddi hi a'i chydwybod, a throi ar ei sawdl i'r tŷ gan chwerthin!

Yn ôl Rhiannon Sanders byddai gan Tegryn Davies feddyginiaeth syml a rhad i bopeth bron. Cofia amdano'n cynghori'r cymdogion i gael gwared ar fwswgl a ffwng a dyfai ar darmac, concrid a llwybrau cerrig drwy eu golchi â 'dŵr a Rinso':

> Ac fe ynganai'r gair Rinso gydag arddeliad ag acen Rydychaidd. Gwnâi rywbeth tebyg gyda geiriau megis radio a toast.

Ni fyddai bob amser yn cytuno â chynghorion y garddwyr ar y radio ac yn ôl Roderic Bowen byddai'n ysgrifennu at Clay Jones i egluro pam a sôn am lwyddiannau ei ddulliau syml ef.

June Lloyd Jones a'i theulu sy'n byw yn Llys Dewi ers 1968. Mae'n cydnabod mai gweld pellgyrhaeddol Tegryn Davies sy'n gyfrifol am hynny. Yn ei barn hi:

> . . . ni fuodd erioed y fath gymdogion. Does gen i ond edmygedd ohonynt a diolch amdanynt.

Cofia amdano'n dweud ar bregeth, wrth sôn am gynorthwyo, mai'r peth pwysica bob amser oedd bod yn gymydog da gartref:

> Gwnâi fyw y bregeth honno.

Adroddai fel y byddai ef yn galw bob bore i weld merched Gwyneirin, Mrs D. L. Jones, Cilbrydwen a Miss Twiss. A phan ddeuai hi adref o'r ysgol:

> . . . byddai cwdaid bach o datws neu gydnabêns neu gabetsien wrth y drws cefn neu'r borfa wedi ei dorri, a olygai gymaint imi gan fod Gwyn y gŵr ar y môr.

Ceir tystiolaeth debyg gan Myfanwy Elias. Yr oedd Idwal ei gŵr wedi bod yn defnyddio chwynladdwr o amgylch beddau'r teulu ac wedi mynd ati i ddyfrhau y ffa dringo heb olchi'r can dyrfhau yn ddigon gofalus ac fe gollwyd y cnwd cyfan. Rhaid fod Tegryn Davies wedi clywed:

> . . . oherwydd fe ddaeth e â chwded o gydnabêns i ni a dweud â gwên ar ei wyneb, 'Rwy'n clywed nad oes cydnabêns 'da chi 'leni!'

Rhannai gynnyrch ei ardd a'i randir yn rhydd ac yn rhwydd. A byddai bob amser wedi ei olchi os nad ei grafu yn barod i'w ddefnyddio. Dymunai hwyluso bywyd i eraill. Cofir amdano adeg dogni'r rhyfel a phan oedd cwningod yn bla cyn clefyd y mycsomatosis ganol y pumdegau yn saethu cwningod wrth y dwsin, eu hagor a'u blingo a'u rhannu'n 'bryd parod i'w goginio' i gymdogion a phobl yn eu henaint. Yn wir, ar un adeg ni fyddai'n bugeilio heb fod ei ddryll yng nghist y car rhag ofn y gwelai gyfle! Cuddiai'n amyneddgar a thawel y tu ôl i wrych neu glawdd ac er mai un llygad oedd yn berffaith ganddo ni thaniai tan fod dwy neu dair cwningen yn ddigon agos at ei gilydd ac o fewn cyrraedd y dryll er mwyn saethu hyd at dair ar y tro!

Cofia June Lloyd Jones amdano yn galw un bore gwlyb o Dachwedd i ofyn a gâi Mrs Davies ac yntau ei chynorthwyo i dynnu'r afalau. A bu ef fel milgi ar y goeden er ei fod yn ei saithdegau! Ni fedrent ddioddef gweld yr afalau yn mynd yn ofer:

> Roeddent yn byw fel Cristionogion. Ac efallai ei bod hi yn y pen draw yn fwy o Gristion nag ef.

Os medrai ef ddangos elfen o anian y cadno weithiau roedd hi fel craig yr oesoedd. Yn ôl James Henry Jones:

> . . . hi oedd y 'Power House' a fyddai'n gofalu fod y pethau bach yn cael eu gwneud mewn da bryd.

Mae D. J. Roberts o'r farn eu bod nhw yn byw i'w gilydd ac yn trafod llawer iawn â'i gilydd:

> Wnâi e ddim na wnâi hi ac ni wnâi hi ddim na wnâi e, ond Mrs Davies oedd y doethineb pennaf yn y bartneriaeth!

Yn ôl June Lloyd Jones, roedd Mrs Tegryn Davies yn gogyddes tan gamp, gan wneud pob math o gacennau, jamiau a tsiytni. Ac fe ddeuai o hyd i amser o rywle i gadw'r tŷ yn lân a chymen. Yn wir, medrech weld eich llun yn y llawr blociau pren.

Gan nad oedd peiriannau dyblygu ar gael y pryd hwnnw treuliai hi nosweithiau yn copïo tonau, caneuon a cherddi. Bu'n gwneud i'r Adran a'r Aelwyd, y Tonic Sol-ffa ac i Ysgol Sul ac oedfaon Bryn-mair gan ailddefnyddio llawer iawn o gefnau papur cofnodion y Cyngor a'i bwyllgorau ef. Bu'n rhaid iddynt fyw yn gynnil gydol eu hoes ac nid oedd gwastraffu nac amser na deunydd i fod. A does ryfedd ei fod e'n cynghori pobl i osod plastig clir dros eu ffenestri i gadw'r gwres i mewn. Gwnâi hyn yn y gaeaf cyn bod fawr o sôn am ffenestri dwbl. Roedd y ddau o anghenraid yn 'Wyrdd' ymhell cyn bod sôn am unrhyw ymgyrch dros beidio gwastraffu.

Idwal Edwards a'i briod sy'n byw yn Y Marian bellach a thystia bod llawer iawn o adeiladwaith Tegryn Davies i'w weld o hyd. Cadarnhaodd fod gan Tegryn Davies ddulliau gwahanol o ddiwallu angen:

> Roedd wedi lleoli'r Rayburn ar wal fewn heb simne arni a gosod peipiau i gario'r mwg i fyny o'r ystafell, trwy'r llofft uwchben, trwy'r atig ac allan drwy'r to—gan sicrhau gwres canolog unigryw!

Yn ôl Idwal Edwards adeiladodd Tegryn Davies dŷ gwydr hir drwy ddefnyddio to persbecs a hen ffenestri beudy. Mae wedi llwyddo i wrthsefyll pob storm a bu'n gyfrwng i godi tunelli o domatos. Defnyddiodd haenau o fetel trwchus fel dwy wal i sièd sylweddol. Mae haenau 'run fath yn do sièd ym Mryn-mair—to y mae'n rhaid cerdded drosto i gyrraedd drws y Festri Uchaf! Efallai ei fod wedi eu cael neu wedi eu prynu am y nesaf peth i ddim yn rhywle gan sylweddoli'n syth pa mor ddefnyddiol a phwrpasol y byddent mewn mwy nag un lle! A phan dynnwyd wal fewnol i lawr yn Y Marian bu Tegryn Davies wrthi ac wrthi'n glanhau'r brics i gyd er mwyn eu hailddefnyddio.

Mynnai Idwal Edwards fod Tegryn Davies wedi gweld ymhell pan brynodd D. L. Jones, Cilbrydwen ac yntau y darn tir rhwng eu tai a'i rannu rhyngddynt. Gan nad yw yr un o'r ddau hanner yn ddarn tir digon llydan i adeiladu arno y maent wedi sicrhau preifatrwydd a pherllan helaeth i bob perchennog oddi ar hynny.

MEWN PROFEDIGAETH

Cred llawer fod Tegryn Davies ar ei orau mewn profedigaeth. Fel y dywedai D. J. Roberts amdano:

> Dywedai bethau syml a pherthnasol yn naturiol.

Byddai'n galw mewn tŷ galar i gydymdeimlo a lledaenu cysur gydag urddas a sensitifrwydd ac i gytuno ar y trefniadau. Roedd addfwynder yn ei lais a'i ymddygiad.

Cofia D. Hughes Jones am Tegryn Davies yn dweud mewn un angladd:

> Dyma beth yw ystyr yr atgyfodiad—Iesu Grist yn byw mewn person mor dda â hwn. Roedd Iesu Grist wedi meddiannu hwn.

Credai fod modd cael bywyd tragwyddol yn ei lawnder yn y byd hwn. Cofia D. Hughes Jones amdano, pan bwysleisiodd un gweinidog mewn angladd yr adnod, 'Gosodwyd i ddynion farw un waith', yn dweud yn siarp dan ei anadl, 'Os felly byw un waith hefyd!

Yn ôl H. Iorwerth Jones:

> Ni fedrai feddwl am Angau fel cyfrwng i ddiddymu bywyd ond ei fod yn gyfrwng i agor drws megis i mewn i fywyd diderfyn. Cytunai fod i'r corff naturiol bwrpas ond unwaith y deuai i ben, rhagwelai barhad bywyd yn ei ffurf ysbrydol.

Pan fu farw Idwal Lloyd o ganlyniad i ddamwain tractor tra gweithiai ar y fferm cofir iddo ddweud na chredai mai fel yna oedd hi i fod ond fel yna y buodd hi. Ni chredai felly mewn rhagluniaeth absoliwt.

Yn ôl y Parchedig S. Idris Evans, yr oedd Tegryn Davies yn hoff iawn o ddarllen mewn angladd gan yr ystyriai ei hun yn ddarllenwr da. A chofir am weinidog yn gofyn iddo weddïo mewn angladd gan nas adwaenai ef ei hun yr ymadawedig. Atebodd Tegryn Davies y byddai'n well ganddo yntau beidio gan ei fod yn adnabod yr ymadawedig yn rhy dda!

Medrai fod yn ddeifiol. Cofir amdano yn destun llawer iawn o drin a thrafod pan ddywedodd, mewn angladd plentyn nad oedd ei rieni nemor fyth yn mynychu'r cysegr, bod y plentyn heddiw wedi arwain ei rieni i Dŷ Dduw. Ar y llaw arall byddai'n parchu'r ymadawedig. Sylweddolai ei bod yn rhy hwyr i geisio dwyn perswâd arnynt hwy. Yn hytrach ceisiai weld y gorau ynddynt. Mynnai Margaret Davies fod ganddo:

> . . . rywbeth da i'w ddweud am bob un ac nid ar ddiwrnod angladd yr oedd chwilio beiau—yr oedd yn rhy hwyr.

Cofir amdano mewn angladd crefftwr, na lwyddodd i orffen pob gorchwyl a gychwynnodd, yn dweud nad oes neb yn medru llwyddo i gyflawni popeth a ddymuna. Anogodd y galarwyr i gadw eu llygaid ar agor wrth rodio'r ardaloedd am fod llawer iawn o'r gwaith y llwyddodd y crefftwr hwnnw i'w orffen i'w weld yn gofgolofnau teilwng iddo. Ac mewn angladd gŵr hynod o garedig, y gwyddid nad oedd yn sant perffaith, pwysleisiodd bod y glorian yn medru symud i fyny ac i lawr ond bod y da o leiaf yn balansio'r drwg yng nghlorian bywyd yr ymadawedig! Yn wir, yn ôl ei fab Alun, dywedodd llawer wrtho mai mewn angladd mecanig lleol rhagorol, ond a oedd yn dipyn o aderyn brith, y clywyd ei dad ar ei orau oll.

Gan fynychaf ym Mryn-mair, oherwydd anawsterau parcio ar lôn gul a'r pellter i'r fynwent, sef 'Cemetery' Aber-porth, ni chynhelid Gwasanaeth yn y Capel. Ond ym marn Kenneth Jones yr oedd Tegryn Davies ar ei orau mewn profedigaeth:

> Yn y Gwasanaeth yn y tŷ roedd fel petai'n sgwrsio â'r teulu a hynny'n dawel a diffuant.

Cofia Kenneth Jones i Mrs Davies, pan fu farw ei fam, ddod i gydymdeimlo a rhoi iddo ef a'i frodyr a'i chwiorydd gopi o'r awdl 'Mam' gan D. J. Davies, Capel Als, wedi ei hysgrifennu allan yn ei llawysgrifen ei hun.

Cafodd ei frifo mewn ambell angladd. Yn ei anerchiad 'Y Weinidogaeth Heddiw', a draddodwyd yng Nghyfarfodydd Blynyddol Undeb yr Annibynwyr yn Burry Port yn 1961, mae'n adrodd hanesyn am frawd yn gofyn iddo ar ddiwedd angladd faint oedd i'w dalu am y 'job'. Ni wyddai'n iawn sut i ateb:

> . . . y cwestiwn anniben . . . a dywedais wrtho nad job oedd hi i mi gladdu ei chwaer. Camddeallodd yntau a chan edrych arnaf yn foddhaus fe drodd ymaith gan ddweud, 'O wel! os mai fel yna y mae hi, diolch yn fawr iawn i chi'.[102]

Mewn angladd arall bu bron iddo golli ei het. Roedd gwasanaeth angladdol Rhydwin Evans, a fu'n Ysgrifennydd Eglwys Bryn-mair am flynyddoedd, mewn amlosgfa. Wrth gerdded i mewn rhoddodd Tegryn Davies ei het yn gwbl ddifeddwl ar yr arch. A phan wasgwyd y botwm ganddo ar ddiwedd y gwasanaeth, yn naturiol dechreuodd yr arch symud tuag at y ffwrn dân a'i het arno. Tynnwyd ei sylw at yr hyn

---

[102]T. Tegryn Davies, Anerchiad : Y Weinidogaeth Heddiw, *Llawlyfr Undeb yr Annibynwyr / Adroddiad Cyfarfod Blynyddol 1961*, Gwasg Tŷ John Penry, 1962.

oedd yn digwydd ac y mae'n debyg na symudodd Tegryn Davies mor gyflym ar ei draed na chynt na chwedyn!

Nid oedd ei gydymdeimlad yn gorffen yn yr angladd. Mae ei anerchiadau blynyddol yn frith o atgofion, cyfarchion, dymuniadau a dyheadau:

> Collodd yr eglwysi nifer lawer o ffyddloniaid a charedigion: collodd y cartrefi anwyliaid hoff. Diddaned yr Arglwydd y teuluoedd gwahanol yn eu galar a'u hiraeth.[103]

> Dymunwn i'r teuluoedd galarus brofiad yr emynydd a ddywedodd: 'Ni fu nos na thywydd garw / Allsai gadw f'Arglwydd draw; / Ni bu neb erioed mor isel / Na châi afael yn ei law'.[104]

Mae'n amlwg mai un peth iddo oedd diddanwch y Nef a chysgod i'r rhai mewn hiraeth dwys ar ôl anwyliaid. Yn ogystal mae'n rhaid parhau i ofalu am y winllan:

> Diddaned yr Arglwydd y teuluoedd galarus. Bydded i ni sydd yn aros, i geisio troi pob colled yn 'gyfle i ddechrau mwy o waith'.[105]

> Y warogaeth orau a allwn ni ei thalu i'r rhai hyn, yw ceisio cario'r gwaith yn ei flaen, yn y bylchau a adawyd ganddynt hwy.[106]

Ac nid yw heb gydnabod gwerth 'paned fach o de' i alarwyr:

> Dymunwn gyfeirio yn werthfawrogol at y rhai sy'n gweinyddu croeso ar lawer diwrnod oer i alarwyr . . . Nid gwaith hawdd yw hyn heddiw; dyna paham y mae eisiau diolch. Pe byddai yn hawdd, buasai mwy o nifer yn gwneud y gwaith.[107]

Bu'n rhaid iddo fynychu a chymryd rhan mewn cannoedd lawer o angladdau. Cofir iddo ddweud droeon mai'r unig beth

[103]T. Tegryn Davies, Anerchiad, *Adroddiad Eglwysi Annibynnol Beulah a Brynmair 1939*, D. R. Davies, Castellnewydd Emlyn, 1940.
[104]ibid., Adroddiad 1959.
[105]ibid., Adroddiad 1945.
[106]ibid., Adroddiad 1953.
[107]ibid., Adroddiad 1946.

a'i cadwai o angladd oedd angladd arall. Byddai Mrs Davies hefyd yn mynychu llawer iawn. Ond angladd hollol breifat a dim blodau oedd ei ddymuniad ef. Efallai ei fod, wedi'r cyfan, yn berson preifat iawn yn y bôn. Angladd hollol breifat fu ei hangladd hithau hefyd.

BUGEILIAETH YR HEDDYCHWR O DEULUOEDD ADEG Y RHYFEL

Yn wahanol i'w frawd, Curig Davies, ni chafodd Tegryn Davies brofiad uniongyrchol o'r Rhyfel Byd Cyntaf. I'r gwrthwyneb:

> Bu'n Ysgrifennydd Cymdeithas y Cymod yn y cylch ym mlynyddoedd anodd y rhyfel.[108]

Ac fe gofir fel y byddai bob amser wrth gyhoeddi bendith yn dechrau gyda'r geiriau, 'A Duw yr Heddwch . . .'

Roedd yn weinidog Eglwysi Beulah a Bryn-mair pan ddechreuodd y pryder ynglŷn â'r posibilrwydd o Ail Ryfel Byd. Fe gofia Thomas John Eirwyn James am Tegryn Davies yn dweud wrtho, tra saethai ar dir gwaelod Tŷ-hen, y byddai'n rhoi'r gorau i'r Weinidogaeth petai'n dod yn rhyfel arall. Saethwr medrus a rheolaidd yn heddychwr! Ond nid yw'n syndod mai sefyll ei dir yn enw'r Efengyl a wnaeth pan ddigwyddodd y gwaethaf. Roedd yn byw yn Aber-porth a gwyddys am y gwersyll milwrol a godwyd yno ac a gyflogai nifer o'i aelodau. Ond y mae'n glir iddo barhau i goleddu ei ddyheadau a'i ddaliadau cryf o blaid heddychiaeth. Ni fu'n areithio nac yn pregethu'n benboeth yn erbyn rhyfel ond ni fethai gyfle i danlinellu pwynt. Bu Dewi W. Thomas yn aros tair noson yn Y Marian tra oedd ar Daith Dros Heddychiaeth ac adroddodd Tegryn Davies stori wrtho amdano yn gwneud

[108]Ben Owen, Yr Oriel, *Tywysydd y Plant : Cyfrol 2 Rhif 11*, Gwasg John Penry, Tachwedd 1955, tud. 165.

gosodiad o bulpud ynglŷn â heddychiaeth. Ysgydwodd un diacon ei ben a dyma Tegryn Davies yn dweud:

Fe fedrwch chi ysgwyd eich pen ond fedrwch chi ddim ysgwyd y gwirionedd.

Ac fe gofia Sally Parry Jones am ei brawd Hirwen yn teithio 'nôl i'r fyddin ar y trên a'r Aelod Seneddol D. O. Evans, a oedd yn byw'n lleol yn Rhydcolomennod, Llangrannog, yn dweud wrtho ei fod wedi clywed bod Tegryn Davies yn pregethu yn erbyn rhyfel:

Yr oedd hynny yn gwbl annerbyniol i'r awdurdodau yn Llundain ac er bod ei Weinidog yn datgan yn glir yn erbyn rhyfel yn ei bregethau, dywedodd Hirwen nad oedd wedi ei glywed yn gwneud hynny un waith rhag i Tegryn Davies fynd i drafferthion.

Nid yn ei bulpudau yn unig y dangosodd ei ochr yn gyhoeddus. Cofnodir iddo ddatgan o blaid penderfyniad Cyfundeb Annibynwyr Ceredigion i brotestio yn erbyn y Llywodraeth yn mabwysiadu mesur Gorfodaeth Filwrol yn ystod adeg o heddwch a datgan parodrwydd i sefyll wrth gefn y sawl a wrthodai ymuno â'r fyddin ar sail cydwybod. Cofnodwyd bod yr Orfodaeth Filwrol ym mis Mai 1939:

. . . yn groes hollol ar adeg o heddwch i addewid y Prifweinidog . . . yn drais ar ryddid personol dyn ac yn fygwth pendant i ryddid crefyddol . . . yn groes hollol i Egwyddorion Efengyl Iesu Grist.[109]

Nid oedd yn hoff o'r 'Home Guard' chwaith—yn bennaf efallai am fod ei aelodau yn ymarfer ar y Sul.

Teimlai llawer ei bod yn ddyletswydd ac yn gyfrifoldeb i fynd i amddiffyn eu gwlad rhag yr Almaenwyr. Nid oes unrhyw dystiolaeth fod unrhyw aelod o Eglwysi Beulah a Bryn-

---

[109]*Cofnodion Cyfarfod Chwarterol Annibynwyr, Ceredigion, Cyfrol 5, 1932-1946*, Soar, Llanbadarn, Mai 23/24, 1939.

mair yn credu mewn rhyfel. Roedd eraill ar y môr neu yn yr Awyrlu pan dorrodd y rhyfel. Aeth eraill i faes y gad yn groes i'w gwir ddymuniad. Arbedwyd rhai rhag y galanas oblegid eu swyddi neu maint eu cyfrifoldebau amaethyddol. Bu Tegryn Davies yn cynorthwyo rhai, megis John Eiron James a oedd yn saer a fedrai weithio olwynion ceirt, i arbed eu hunain drwy fynd gerbron tribiwnlysoedd. A llwyddodd i ddwyn perswâd ar Alun James, Gwyn Williams a Hirwen James i wrthwynebu mynd i ymladd ar sail cydwybod. Ond maes o law aeth Dewi, brawd Hirwen James, yn Gaplan i'r Fyddin, a chyn diwedd y Rhyfel fe ymunodd Hirwen a chael profiadau mawr. Bu Alun James a Gwyn Williams yn gweithio mewn ffatrïoedd hanfodol. A bu rhai merched hwythau yn gweini mewn ysbytai.

Mae pryder Tegryn Davies gydol y rhyfel i'w weld yn glir yn ei anerchiadau blynyddol am flynyddoedd y drin. Dywed mai blwyddyn gyfan o sarnu gobeithion, sarnu cartrefi, a sarnu bywydau fu 1940 mewn llawer gwlad a bod llawer o fechgyn ifainc yr Eglwysi:

> . . . mewn enbydrwydd a pheryglon wrth gyflawni gwaith o dan amgylchiadau na fwriadasant eu hunain, ac na fwriadodd Duw erioed iddynt ei gyflawni.[110]

Ar ddechrau 1942 daliai i obeithio y deuai newyddion da am un o'r morwyr oedd ar goll, sef James Henry Harries. Y flwyddyn ganlynol y mae'n cydymdeimlo â Chapten Owen, Brohedyn, yn ei bryder ynglŷn â'i unig fab a oedd mewn llong a gollwyd. Mae'n diolch am bob nodded dros y bechgyn a'r merched a oedd wedi eu hamddiffyn ac yn gweddïo ar Dduw:

> Nefol Dad, yn awr nyni a ddiolchwn am bob meddwl cynnes gawd ynghanol byd sydd wedi gwallgofi mewn llid a dial a lladd. Disgwyliwn gyda cholomen heddwch i allu gweld eto ddeilen hoff lawen a fflur gwanwyn newydd.[111]

[110]T. Tegryn Davies, Anerchiad, *Adroddiad Eglwysi Annibynnol Beulah a Brynmair 1940*, D. R. Davies, Castellnewydd Emlyn, 1941.
[111]ibid., Adroddiad 1941.

A sylweddolai nad oedd yr un flwyddyn yn mynd heibio heb arwyddion bod Duw wrth ei waith:

Un o'r pethau llawen ydoedd urddo un o'n bechgyn ieuanc yn weinidog ym Mynydd Seion, Casnewydd, a dymunwn i'r Parchedig Dewi H. James bob llwyddiant fel gweinidog da i Iesu Grist.[112]

Yn ei anerchiad am 1942 y mae'n diolch:

Mewn byd sydd â chymaint o'r annymunol a'r annisgwyliadwy yn digwydd ynddo, y mae gennym le mawr i ddiolch am yr amddiffyn eithriadol a fu dros deuluoedd yr eglwysi . . . Y mae pob un o'n pobl ieuanc, o drugaredd yr Arglwydd, wedi eu harbed, a hiraethwn am eu gweld yn ôl, yn iach a di-anaf.[113]

Ni bu 1943 cystal blwyddyn. Cyfeiria ati fel blwyddyn llawn gofid a phryder, yn enwedig i'r teuluoedd hynny oedd â'u rhai annwyl mewn peryglon mawr ac ymhell o'u cartrefi:

Cydymdeimlwn yn fawr â hwynt, ac yn arbennig y rhai sydd wedi derbyn newyddion drwg o faes y rhyfel.[114]

Roedd pethau'n mynd o ddrwg i waeth. Erbyn diwedd 1944 yr oedd dau aelod arall, sef Glanmor Williams a Dewi James, ar goll. Dewi James oedd yr unig aelod, drwy ei holl weinidogaeth, a gododd i'r Weinidogaeth. Yn ôl Sally Parry Jones, doedd y ffaith i Dewi, ei brawd, ddewis mynd yn Gaplan ddim wrth ei fodd. Ond meddai Tegryn Davies:

Syfrdanwyd ni oll pan glywsom fod y Parch Dewi James ar goll. . . a'r gobaith am ei ddiogelwch yn mynd yn llai a llai. Ef yw'r trydydd o fechgyn yr eglwysi sydd erbyn hyn ar goll. Diddaned yr Arglwydd deuluoedd y Llety, Bryneglur a Chwrt-hen yn eu pryder blin.[115]

[112]ibid., Adroddiad 1940.
[113]ibid., Adroddiad 1942.
[114]ibid., Adroddiad 1943.
[115]ibid., Adroddiad 1944.

Côr 'Cwsg fy Noli' dechrau'r '40au. Buddugol yn Eisteddfod Sir yr Urdd.

Yr Adran a'r Aelwyd 1951.

Eisteddfod Genedlaethol yr Urdd Caernarfon 1956.

*Parti cyd-adrodd y bechgyn—Eisteddfod Genedlaethol yr Urdd
Rhydaman 1957.*

Parti cerdd dant y merched diwedd y '50au a'r telynorion Alun a Buddug.

Côr bechgyn dechrau'r '50au.

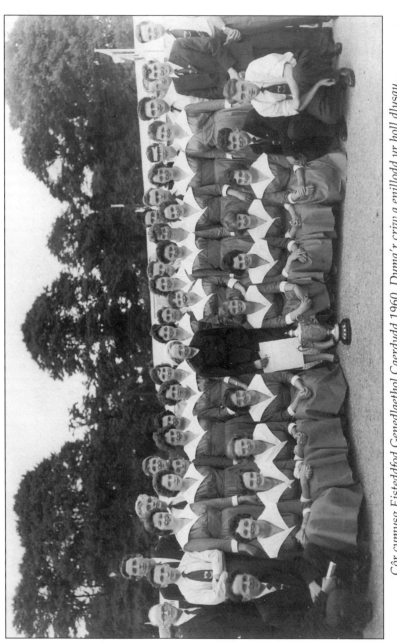

Côr cymysg Eisteddfod Genedlaethol Caerdydd 1960. Dyma'r criw a enillodd yr holl dlysau.

Y tlysau a enillwyd gan yr Aelwyd yn 1960.

Dosbarth tonic sol-ffa a hen nodiant Beulah a Bryn-mair, Mai 1964.

Er i'r Rhyfel ddod i ben yn 1945 y mae nodyn pellach o dristwch yn ei anerchiad am y flwyddyn:

> . . . heb gael newyddion ychwanegol, y mae teuluoedd Bryneglur a Chwrt-hen ym Meulah, a'r Lletty ym Mryn-mair, yn gorfod rhoi pob gobaith i fyny am Glanmor Williams, Dewi H. James, a Walwyn Parry Jones . . . y tri wedi gadael teuluoedd, a llu o gyfeillion hiraethus.[116]

Ni chyfyngodd ei weddïau adeg y rhyfel i'w eglwysi. Cyhoeddodd un yn *Sylfeini Heddwch*:

> Diolchwn am un a syrthiodd ar ei wyneb mewn gweddi daer tra oedd casineb a chreulonderau yn ei herio i sefyll ac ymsythu. Dysg ninnau i weld mai plygu i'th ewyllys Di yw'r sefyll gorau byth . . . Tosturia wrth ein dallineb yn ceisio diogelwch mewn rhyfel a ninnau wedi torri holl ddeddfau diogelwch a thangnefedd. Maddau i ni.[117]

Roedd ei wrthwynebiad sylfaenol i ryfela yn hysbys i bawb. Ond roedd ganddo bob cydymdeimlad â'r rhai a wynebodd faes y drin ac â'u teuluoedd. Bu'n gefnogol iawn i'r Cyngherddau Croeso Adref. Cofia Arianwen Edwards amdano'n cydnabod dyrchafiadau cyson Glanmor ei brawd yn yr Awyrlu a pha mor gonsyrnol yr oedd Tegryn Davies pan gollwyd ef. Yn 1954 bu'n cymell ei mam yn daer:

> . . . i fynd allan i Malta, i weld enw ei mab ar y gofeb pan oedd y Frenhines yn dadorchuddio'r 'Royal Forces Memorial'.

A llwyddodd i ymhelaethu'r Festri ym Meulah yn gofeb i'r aelodau a syrthiodd. Ond ni ddewisodd fod yn rhan o unrhyw rwysg ar Sul y Cofio.

Ni chaewyd y gwersyll milwrol a'r maes tanio yn Aber-porth ar ôl y Rhyfel. Datblygwyd y 'Camp' i fod yn faes arbrofi a bu'n

---

[116]ibid., Adroddiad 1945.

[117]T. Tegryn Davies, *Sylfeini Heddwch*, Golygyddion: Simon B. Jones ac E. Lewis Evans, Cymdeithas Heddwch yr Annibynwyr Cymraeg, Gwasg Gomer, 1944.

gyflogwr pwysig. Ni rwystrai Tegryn Davies yr un o'i aelodau rhag ceisio cael gwaith yno. Meddai wrth Idwal Edwards pan ofynnodd am ei ganiatâd i ddefnyddio'i enw fel canolwr:

'Rych chi'n deall nad wy' i ddim yn cyd-fynd â phwrpas y lle ond os mai dyna yw'ch dymuniad a'ch dileit fe wna i eich cefnogi chi fel rwy' i'n eich adnabod.

Yr oedd yn un ffordd o gadw pobl ifainc yn yr ardal a gallai, o bosib, fod yn gyfrwng i osgoi Rhyfel Byd arall. A chan fod y 'Camp' yno roedd yn llawn cystal gwneud y defnydd gorau ohono. Yn ôl Alun, y mab:

Gwyddai Penaethiaid y lle'n iawn am ddaliadau digyfaddawd fy nhad a mam ond ni phallent yr un gymwynas resymol iddo. O bryd i'w gilydd gwnaeth yr Eglwysi a'r pentref elwa o'i gysylltiadau a manteisio ar sgiliau ac adnoddau'r lle.

Gwyddys na dderbyniai Tegryn Davies mai cyfaddawdu'n daeog a phenisel a wnâi yn ei sgyrsiau a'i gysylltiadau â phenaethiad a swyddogion y Camp ond 'gwneud y gorau o'r gwaethaf' er budd y Winllan a lles y gymuned. Yn wir, y 'Camp' sy'n rhannol gyfrifol am ddarparu'r Gofeb Goffa ar fur y Festri Newydd ym Meulah! Arni gwelir y geiriau:

HELAETHWYD Y FESTRI YN 1965
ER MWYN Y PLANT
AC ER COF ANNWYL AM:

Mr Daniel Elias, Glanhirwen, 1939-1945
Mr Wm. O. Thomas, Glandŵr 1914-1918
Mr Lewis Jones, Croesnewydd 1914-1918
Mr Dd. John Davies, Tyhen 1914-1918
Mr Dd. Morris Jones, Plasnewydd, 1914-1918
Mr Glanmor Williams, Bryneglur, 1938-1945
Parch. Dewi H. James, Cwrt-Hen, 1939-1945
Miss Hettie Tudor, Brynawelon, 1939-1945

HYFFORDDI'R PLANT A'R BOBL IFAINC—

GŴR DUW YN EI ARDAL—GWELD EI WEINIDOGAETH YN FWY NA
GWEINIDOGAETH DWY GYNULLEIDFA:
EI WEINIDOGAETH YN LLIFO TROSODD I'R ARDAL

HYFFORDDWR DRAMA

Soniwyd am allu actio a diddordeb cynnar Tegryn Davies ym myd y ddrama. Yn fuan iawn ym Meulah cyfunwyd ei ddoniau cynhyrchu a doniau cerddorol yn yr Eglwys i lwyfannu Operatas. Cofia Mair Woolley mai ei thad, John Davies, Penralltwen, oedd y Cyfarwyddwr Cerdd a Mrs R. M. Davies, Trenofa, oedd yn canu'r piano. Gyda chefnogaeth gyffredinol aelodau'r eglwys gyda'r gwisgoedd a'r llwyfan, perfformiwyd *Romani, Dewis Brenhines* a *Cantata'r Adar*:

> Doedd fawr o ddim byd arall ar gael ac fe gaem hwyl yn mynd â nhw o gwmpas yr ardaloedd.

Bu ganddo hefyd gwmnïau drama llwyddiannus iawn yn y 40au. Er nad oedd wedi ei eni i deulu o Annibynwyr, honna J. Emrys Jones i Tegryn Davies ddod â phwrpas, cyfle a hapusrwydd i'w fywyd ifanc yn y cyfnod hwn. Cofia am y cyfarwyddyd i beidio â phlygu'r cefn yn ormodol wrth gymryd 'bow' am fod wyneb person yn llawer mwy diddorol i gynulleidfa na chopa'i ben! A chofia am y cyngor a gafodd pan holodd beth i'w ddweud wrth lywyddu:

> Bachgen, nid yr hyn r'ych chi'n ddweud sy'n bwysig ond beth r'ych chi ddim yn ei ddweud.

Diwyllio'r ardal a thynnu pawb i mewn oedd y nod. Roedd cast dwbl i rai o'r cwmnïau dramâu un act a'r cymeriadau yn ymarfer yng ngŵydd ei gilydd ac yn perfformio ar lwyfan am yn ail!

Prifathro Ysgol Gynradd Beulah ar y pryd oedd David Arthur Beynon ac yr oedd ganddo yntau a'i briod ddiddordeb mawr yn y ddrama. Dechreuasant hwythau godi cwmnïau drama gan ddethol y cast yn ofalus ar ôl gweld gallu'r gwahanol actorion yn nramâu'r gweinidog. Bu cynyrchiadau Mr a Mrs David Arthur Beynon yn boblogaidd a llwyddiannus iawn mewn cystadlaethau o'r dechrau. Yn wir, enillodd un o'i gwmnïau ieuenctid y Gystadleuaeth Ddrama Un Act yn Eisteddfod Genedlaethol Machynlleth ym 1952.

Dau o gynyrchiadau nodedig Tegryn Davies yn y pedwardegau a dechrau'r pumdegau oedd *Y Potsiar* ac *Adar o'r Unlliw*. Yn rhyfedd iawn, pobl liwgar yr ymylon oedd ei gast a'i gynorthwywyr. Credai J. Emrys Jones fod y dewis yn fwriadol er mwyn tynnu rhai ohonynt yn nes at y Pethe a chadw'r lleill rhag colli gafael. Ond wedi eu dewis caent eu gweithio'n galed a'u rhybuddio rhag peryglon y ddiod, yn enwedig cyn perfformiad pwysig. Yn ôl Emlyn Thomas, a chwaraeai ran y cymeriad rhyfeddol Dici Bach Dwl, roedd Tegryn Davies yn gynhyrchydd manwl dros ben ac yn feistr yn y maes. Y dasg gyntaf oedd darllen y ddrama ac yna ganolbwyntio ar ran o un tudalen am noson gyfan gan bwysleisio amseru ac ystwythder:

> Dywedai mai pictiwr o fywyd neu ddarn o fywyd dyn oedd drama ac felly roedd rhaid cael y peth yn fyw. Ac roedd e'n gyfarwydd â byd y potsiars!

Roedd un o'r cast, sef Tomi Hesford, a chwaraeai ran Twm Tincer, yn gweithio gydag Evan James Jones, Tanygroes, ac yr oedd Tegryn Davies wedi trefnu y câi ef ddefnyddio lorri'r gwaith i'w gludo i'r Marian i ymarfer. Ac yn ôl Emlyn Thomas roedd:

> . . . te tragwyddol gan Mrs Davies. Deuai â'r troli mas ac roedd hi'n bleser mynd draw yna.

Y ddau aelod arall o gast *Adar o'r Unlliw* oedd Tom Thomas, a chwaraeai ran Esgob Canolbarth Cymru, a George Williams, a chwaraeai ran Jenkins y Ciper, a John E. Morgan oedd y prif reolwr llwyfan.

Perfformiwyd y dramâu hyn drwy'r holl wlad ac enillwyd llawer iawn o wobrau pwysig. (Atodiad 3) Yn wir yr oedd y perfformiad o *Adar o'r Unlliw* yn nodedig o lwyddiannus. Ymysg y buddugoliaethau y mae'r wobr gyntaf a enillwyd yn Llechryd yn 1947. Roedd pum cwmni'n cystadlu, ac yn ôl y papur lleol:

> Llanwyd y neuadd ar y ddwy noson a gwelwyd safon uchel o actio . . . enillwyd y wobr gyntaf gan Gwmni Drama Beulah . . . enillwyd y wobr am yr actiwr gorau gan Emlyn Thomas, Beulah, fel Dici Bach Dwl.[118]

Ond ar ôl colli un tro bu'n ddadl fawr pwy oedd yn ail. Yr oedd Cwmni Drama David Arthur Beynon, y prifathro, a Chwmni Drama Tegryn Davies, y gweinidog, wedi cystadlu yn erbyn ei gilydd a'r ddau gwmni wedi methu'r brig. Mynnodd y prifathro air â threfnyddion y gystadleuaeth ar y diwedd a chafodd wybod mai ei gwmni ef oedd yn ail. Ond yn ôl Sally Parry Jones:

> . . . erbyn y nos Lun ymhen yr wythnos roedd gan y gweinidog lythyr yn datgan mai ei gwmni ef oedd yn ail!

Ac oherwydd hen 'gythraul y ddrama' gwyddys na fu'r ddau yn ffrindiau mynwesol gydol y pumdegau. Ond daeth y ddau yn ffrindiau mawr yn y chwedegau. Medd S. A. Lloyd:

> Cystadleuwyr a ddaeth yn ffrindiau.

Ffaith sy'n siarad cyfrolau am y ddau.

HYFFORDDWR ADRODD

Y mae nifer o enillwyr cenedlaethol, gan gynnwys yr awdur a enillodd Wobr Goffa Llwyd o'r Bryn, yn cydnabod yn barod eu gwerthfawrogiad o hyfforddiant Tegryn Davies. Yn wir cafodd un arall o'i ddisgyblion, Elfyn Owen, lwyfan yn y Genedlaethol ar yr Her Adroddiad dair blynedd yn olynol ddiwedd y 40au a dechrau'r 50au. Camp yn wir yr adeg honno. Cofia Aled Gwyn:

> . . . am aml sgwrs adeiladol ag ef am Adrodd i Gyfeiliant pan oedd y gelfyddyd honno yn newydd.

Yn sicr, yn y byd adrodd yr oedd yn ddyn o flaen ei oes. Beirniadwyd ei ddisgyblion gan rai cyn-adroddwyr henffasiwn o orgynildeb, ond gwrthodai Tegryn Davies ystumiau corfforol dianghenraid gan fod ystum annaturiol yn tynnu sylw ato'i hun ac nid at yr adroddiad. Daliai mai priod waith yr adroddwr oedd awgrymu ac nid ail-fyw'r profiad. Byddai hynny yn ei dyb ef yn actio. Ond mynnai fynegiant wyneb drwy feistrolaeth a chydweithrediad aeliau'r llygaid, y talcen, y bochau a'r gwefusau. Yn ôl Alun Morgans:

> Yr oedd cael 'stapal yr ên' i symud yn bwysig iawn yn ei dyb ac fe gyfarwyddai ni i osod ein bysedd o flaen ein clustiau i deimlo'r symudiadau.

Naturioldeb a diffuantrwydd oedd ei nod. Medd Dic Jones yn *Namyn Bugail*:

> . . . yr oedd cambwysleisio a rhethreg wag yn dân ar ei groen. 'Pwysleisio popeth yw pwysleisio dim', oedd ei air mawr.

Ni chaem forthwylio geiriau. Mynnai mai unig bwrpas pwyslais a goslef oedd amlygu synnwyr a thanlinellu ystyr ac na fedrid eu caniatáu er mwyn 'sioe'. Eglurai fod ambell seibiant pwrpasol yn rhan o'r gelfyddyd gan ei fod yn ddull effeithiol o dynnu sylw at air neu gymal neu frawddeg. Rhaid oedd osgoi saib ymwybodol, beiriannol a phrennaidd—os oedd y saib i lefaru mewn distawrwydd rhaid oedd cadw'r ystyr yn fyw â mynegiant wyneb. Disgwyliai i'w ddisgyblion geisio meithrin meistrolaeth lwyr ar anadl i gynnal brawddegau hirion ac i ofalu am y diweddebau. A gwae ni am agor gormod ar y geg wrth ddweud 'h' gan fod hynny'n difetha anadl.

Pwysleisiai werth amrywiaeth a mynnai ddisgyblaeth a dyfalbarhad. Cofia'r awdur iddo yn blentyn dreulio oriau ar ei draed yn Y Marian a phan fyddai'n dechrau anesmwytho am fod y coesau bach yn blino cawsai ei wahodd i sefyll ar y llawr blocs pren sgleiniog yn hytrach na'r sgwâr carped am fod hynny'n llawer llai blinedig. Byddai Elfyn Owen yn ddyn ifanc, cyn cystadleuaeth bwysig, yn gorfod bod wrthi ar ei draed am awr a mwy ar y tro a thystiai bod sefyll ar bren yn hytrach na charped o gymorth pendant rhag diffygio cyhyrau'r coesau yn lân. Disgwyliai i'w ddisgyblion ymarfer ynganu'r llafariaid yn ribidires gyflym, un ar ôl y llall, yn glir a chroyw er mwyn sicrhau bod yr ynganu yn bersain ac yn cyrraedd y gynulleidfa yng nghefn y neuadd. Nid ei fod yn diystyru'r cytseiniaid. Cofir amdano'n pwysleisio na fedrai'r un cyflwyniad fod yn orffenedig os nad oedd y cytseiniaid yn ogystal yn glir. Ceisiai feithrin clust dda i ymglywed â gogoniant rhythm ac amrywiaeth mydr a phwysleisiai'r rheidrwydd anhepgorol o ddehongli. Byddai'n dehongli pob darn yn ei gefndir ac yr oedd ganddo y dychymyg i fynd dan groen cymeriad a byddai ei ddehongliadau a'i bwysleisiau ef bron bob amser yn wahanol. Roedd hyn yn amlwg iawn yn y cyfnod pan fyddai'n arfer cael darn gosod newydd ym mhob eisteddfod leol a'r cystadleuwyr yn gorfod dysgu darn newydd bob tro! Yn naturiol, anogai arddull ddiymhongar ac ymarweddiad parchus, naturiol heb fod yn ymwthgar na llethol, ac anelai at ennyn sylw a hoelio diddordeb y gynulleidfa drwy ymlacio'r corff a'r meddwl er mwyn cuddio unrhyw arwyddion o straen a nerfusrwydd.

Yn y byd adrodd eto nid oedd yn sychdduwiol. Yr oedd wrth ei fodd yn dysgu rhywun i gyflwyno adroddiad digri neu gelwydd golau. A gwnaeth ddetholiadau gwych o ryddiaith T. Rowland Hughes a Daniel Owen i Elfyn. Hoffai ddarnau ysgafn chwaethus ac iddynt werth llenyddol. Gorau i gyd os oedd ynddynt neges ac na fyddai cynulleidfaoedd byth yn blino gwrando arnynt. I'r perwyl hwnnw byddai'n hanfodol i unrhyw ddetholiad sefyll ar ei ben ei hun. Ei ffon fesur yn aml fyddai, 'Mae hwnna'n ddarn gwerth ei ddysgu a'i adrodd'. Ymddengys ei fod yn dawel fach yn uniaethu ei hun â direidi, nid mor arwynebol a diniwed, Daniel Owen a D. J. Williams, heb sôn am eu doniau i bigo cydwybod. Yn ogystal byddai rhyddiaith y ddau yn rhoi cyfle i adroddwyr arddangos eu doniau fel dynwaredwyr. Yn ôl Dic Jones:

> . . . roedd e'n ddynwaredwr da ei hunan. Recordiodd ei hun yn dynwared Dyfnallt yn pregethu a chwarae'r tâp yn ôl iddo. 'Bachgen,' mynte hwnnw, 'sai'n cofio traddodi'r bregeth yna chwaith.'

Yn ddigwestiwn yr oedd yn arloeswr. Mynnai mai 'Dweud' neu 'Lefaru' oedd y gamp ac nid 'Adrodd'. Yr oedd yn dwrdio pob goslefu ffug, arddull bregethwrol ac unrhyw awgrym o lafar-ganu drwy annog mynegiant diffuant. Ond yr oedd yn feirniadol iawn o fynegiant llipa a dieneiniad. Pwysleisiai fod rhaid wrth lefaru cliriach o flaen cynulleidfa nag wrth sgwrsio mewn cwmni bach, a phan fyddem yn ymarfer yn y Neuadd yn Aber-porth byddai ef yn aml yn eistedd yn y cefn. Ceisiai ein cael i gyfoethogi'r llais yn y geg a llefaru ar y wefus er mwyn osgoi bod yn drwynol neu yn yddfol. Ei ddull o'n hannog i amrywio'r llais ac i'w godi a'i ostwng o fewn ei amrediad naturiol oedd gofyn i ni ddychmygu *modulator* ac yna byddai ef yn symud ei law i fyny ac i lawr y *modulator* dychmygol hwnnw. Yn fras byddai'n annog traw llais uchel i gyfleu dig, balchder, ofn neu deimlad eithafol, traw llais isel i gyfleu tristwch, dwyster, urddas neu angerdd mawr, a thraw llais canolig i ddisgrifio neu ddweud stori. Dim ond pan fyddai dehongli'r darn yn gofyn am hynny y caem ddefnyddio llais cras, amhersain neu lais main heb fawr o sylwedd. Yn wir, disgwyliai berffeithrwydd parabl ond pwysleisiai mai'r gamp oedd perffeithio'r gelfyddyd i ymddangos yn hollol ddiymdrech. Disgwyliai i'w ddisgyblion glywed rhythm naturiol y brawddegau ac i glymu'r grwpiau naturiol o eiriau gyda'i gilydd drwy arafu a chyflymu'r ymadroddi. Gwyddys mai'r enw swyddogol ar y grefft o adrodd bellach yw 'Llefaru'. Dyna a ddysgwyd gan Tegryn Davies o'r tridegau!

Credai'n gryf fod darllen ar y pryd yn gyhoeddus yn ymarfer da. Eglurai ei fod yn meithrin hyder ac yn baratoad rhagorol i adrodd a siarad cyhoeddus. Mynnai mai dweud y geiriau yn naturiol oedd y gamp a bod cyfleu'r ystyr yn gymaint her â sicrhau cywirdeb geiriol. I'r perwyl hwnnw hyfforddai ni i sganio'r geiriau yn gyflym cyn eu hynganu. Yn wir, dywedai wrthym am sganio'r cymal neu frawddeg nesaf wrth ddweud yr un flaenorol! Nid yw hynny'n hawdd ond y mae'n ddi-os o gymorth mawr i sicrhau cywirdeb a synnwyr.

Ei gyfrifoldeb ef fyddai sicrhau pwysleisio cywir ac acennu priodol gan y corau yn yr Adran a'r Aelwyd. Byddai'r 'mynd dros y geiriau' hynny nid yn unig yn gyfle i egluro'r darn a'i ddehongli ond yn sicrhau geirio clir maes o law gan y côr neu barti cerdd dant neu barti cydadrodd. Ac wrth gwrs yr oedd y darn, o'i ddeall a gwybod sut i'w ddweud yn synhwyrol a synhwyrus, yn llawer iawn haws i'w ddysgu ar gof. Yn naturiol, byddai yn mynd dros ddarnau cynganeddol yn ofalus iawn gan feithrin dealltwriaeth a pharch i'r gynghanedd. Ac ef fyddai'n ysgwyddo'r holl gyfrifoldebau am y corau adrodd a llwyddodd i'n cael i lwyfan yr Eisteddfod Genedlaethol lawer tro. I sicrhau cydsymud ac asiad lleisiol byddai'n egluro'r 'pam' y tu ôl i bob 'pwyslais' a'n cael, o wybod y darn yn drylwyr, i gydanadlu yn reddfol. Ei ddull bachog o egluro'r nod oedd dweud wrthym am geisio cytuno ar yr un dehongliad! A bu'r partïon bechgyn a fu'n adrodd 'Rownd yr Horn', 'Ar Gyfeiliorn' ac 'Y Gof' yn llwyddiannus yn Eisteddfodau Cenedlaethol yr Urdd. A chofir am y merched yn cydadrodd 'Hen Fwthyn Deio'r Crydd' i gyfeiliant telyn.

DOSBARTHIADAU TONIC SOL-FFA

Cychwynnwyd ar y Dosbarthiadau Tonic Sol-ffa yn 1937. Nid oedd y gweinidog newydd a'i wraig wedi bod yn yr ardal brin bedair blynedd ac nid oedd Alun y mab ond tair oed. Cynhaliwyd y dosbarthiadau yn festrïoedd y ddwy eglwys ac yn ôl D. J. Roberts roeddynt yn orlawn:

> . . . y ddwy eglwys mor frwd â chwch gwenyn o ddisgyblion nwyfus ac o bob oedran.[119]

[119]D. J. Roberts, Erthygl, *Y Faner*, 6 Ebrill 1979.

Go brin i un o'r ddau ddisgwyl y fath frwdfrydedd a llwyddiant. Yn wir, mae Llinos Harries yn adrodd yn ei thraethawd am Mrs Davies, maes o law, yn ôl tystiolaeth Mrs Mollie Harries (ei nith), yn llwyddo i ennill gradd L.T.S.C. er mwyn medru hyfforddi ei disgyblion gogyfer ag ymarferiadau cynyddol eu her ac arholiadau uwch.

Y mae Tegryn Davies wedi amlinellu'r llwyddiannau yn ei anerchiad olaf i'r eglwysi. Mae'n nodi'r cydweithio cyson a fu yn y ddwy eglwys yn ddi-fwlch am 32 o flynyddoedd [mewn dosbarthiadau cerddoriaeth]. Bu cymaint â deugain o blant a phobl ifanc yn y ddau ddosbarth—ar nos Lun ym Meulah a bore Sadwrn ym Mryn-mair. Meddai'n wylaidd iawn:

Gyda'r nifer fawr yma, yr oedd yn rhaid i mi wneud fy rhan yn gyson, er mai Mrs Davies oedd yn gyfrifol am y gwaith i'r Coleg. Credwn fod y nifer yma o Dystysgrifau mewn 'Tonic Sol-ffa' a Hen Nodiant wedi bod yn ddylanwad sylweddol yn yr Eglwysi a'r cylchoedd.[120]

Er na fedrir mesur y dylanwad yn wyddonol y mae'n sicr yn aros yn yr ardaloedd ac fe wna am genhedlaeth neu ddwy eto. Ond y mae'r ffeithiau moel wedi eu diogelu i'r dyfodol. Yr oedd Mrs Davies yn berson trefnus ac yn meddu ar gof camera ac felly yr oedd yn bosibl i Tegryn Davies gyhoeddi yn ei anerchiad olaf:

Nifer y Tystysgrifau, o'r flwyddyn 1937 hyd y flwyddyn 1969, a ddaeth i ran y dosbarthiadau, oedd dwy fil, saith deg a chwech (2076), ac yn eu plith, y mae 23 wedi sicrhau Diploma'r Coleg.[121]

Ar yr olwg gyntaf mae'r cyfansymiau yn ymddangos yn anghredadwy. Ond y mae sawl cofnod arall yn cadarnhau'r niferoedd blynyddol:

Chwefror 26 [1966]—Arholiad Cerddoriaeth ym Meulah yn y bore, a Bryn-mair yn y prynhawn. 87 o blant yn y ddau le.[122]

[120]T. Tegryn Davies, Anerchiad, *Adroddiad Eglwysi Annibynnol Beulah a Bryn-mair 1969*, E. L. Jones a'i Fab, Aberteifi.
[121]ibid., Adroddiad 1969.
[122]ibid., Adroddiad 1966.

Ionawr 10, 1967—Festri Beulah: Geraint Stanley Jones a Mary Middleton o'r B.B.C. yn ffilmio 86 o blant yn nosbarthiadau cerdd y ddwy eglwys.[123]

Afraid dadansoddi'r ystadegau na cheisio eu cysoni yn nhermau ymdrech, gweithgarwch a dyfalbarhad. Ond rhaid pwysleisio ei fod yntau yn un o'r ddau athro. Ef fyddai'n cadw trefn. Yr oedd ei ymddangosiad yn y drws a'i bresenoldeb yn ddigon i gadw'r disgyblion i gyd o fewn terfynau disgyblaeth dderbyniol. Ond ni fedrai fod ym mhob man yr un pryd a bu'n rhaid i ddau fachgen direidus ar adeg Guto Ffowc un flwyddyn ymddiheuro iddo am danio tân gwyllt yn rhy agos i'r festri. Unwaith yn unig y cofir amdano'n gorfod cymryd cam cwbl annodweddiadol ohono. Un nos Lun ym Meulah roedd dau fachgen wedi diflannu o'r Gwersi Tonic Sol-ffa yn y Festri heb eglurhad. Aeth Tegryn Davies i chwilio amdanynt a'u gweld yn yfed gwin cymundeb yng Nghôr Mawr y Capel. Cerddodd atynt a rhyngddynt heb iddynt ei weld na'i glywed a gafael yng nghlust dde un a chlust chwith y llall a'u harwain i'r Festri lle gorfu i'r ddau ymddiheuro o flaen pawb!

Ef fyddai'n ein tywys ar hyd llwybrau'r 'theori' er mwyn i Mrs Davies ganolbwyntio ar y canu ymarferol o flaen y *modulator*. A chofir fel y byddai ganddo ryw ddulliau ymarferol o gyflawni pob peth, e.e. i dynnu llinellau syth a gydredai'n gyson ar draws y dudalen gogyfer â chofnodi Hen Nodiant. Gwnâi i ni ledu'n llaw dros y dudalen a dal y bensel ar gymaint o oledd â phosibl. (Rhaid oedd trosi'n ôl a blaen o'r Hen Nodiant i'r Tonic Sol-ffa.) Gwyddys i rai academyddion cerddorol uchel ael, na fedrent y Tonic Sol-ffa, ei ddigwntio, ond go brin y gwnâi yr un hyfforddwr côr nac arweinydd cymanfa gytuno â nhw. A hir y cofia trigolion ardaloedd Beulah a Bryn-mair am raglen deledu yn y chwedegau, pan fu cwmni teledu yn ffilmio'r dosbarthiadau Tonic Sol-ffa gan fwy na lled awgrymu wrth holi mai gwastraff ar amser oedd dysgu'r Tonic Sol-ffa. Ond gŵyr y cyfarwydd bod y Coleg Tonic Sol-ffa yn trefnu arholiadau Hen Nodiant yn ogystal ac yn annog gwell

[123]ibid., Adroddiad 1967.

dealltwriaeth o'r ddau ddull o gofnodi cerddoriaeth. Yn sicr, y mae i'r Tonic Sol-ffa ei ddefnyddioldeb ac i'r perwyl hwnnw y cychwynnodd Mrs Davies ar ei gwaith:

Bu gan Gymru ei Chymanfaoedd Canu a'i Heisteddfodau bob amser, am fod y bobl yn canu wrth reddf. Meddyliais ei bod yn drueni nad fedrent ddarllen cerddoriaeth, gan y byddent gymaint yn well. Byddai hefyd yn haws i ddysgu caneuon newydd iddynt.[124]

A dywedai un athro cerdd yn Ysgol Uwchradd Aberteifi, 'Medraf adnabod plant y Tonic Sol-ffa mewn dosbarth'. Yn ôl Sally Parry Jones:

Roedd y darlithwyr yng Ngholeg Abertawe yn dweud eu bod nhw yn adnabod plant o ardal Aber-porth a Beulah heb ofyn o ble yr oeddynt yn dod.

Ond yn naturiol ni lwyddwyd i droi pob disgybl yn gerddor! Cofia Alun am ei fam yn chwerthin wrth iddi adrodd amdani'n methu'n lân â chael Hywel Parcllwyd i godi traw ei lais wrth ddringo'r modiwlator. Ceisiodd egluro wrth Hywel fel y byddai, wrth weiddi neu alw ar rywun o bell, yn codi traw ei lais yn reddfol. Yna gofynnodd iddo ganu 'doh' yn union fel y byddai'n gwneud petai am dynnu sylw ei dad. Ateb Hywel oedd:

Fyddwn i ddim yn galw arno fe. Mi fyddwn i'n rhedeg draw ato fe!

Bu Tegryn Davies yn cenhadu o blaid y Tonic Sol-ffa yng Nghwrdd Chwarter Cyfundeb Ceredigion. Gofynnodd y Pwyllgor Gwaith iddo ddweud gair am y mudiad:

[124]Lydia May Tegryn Davies, Erthygl gan Marian Jones, *Western Telegraph*, 9 Chwefror 1967.

. . . argymell ein heglwysi i ddysgu'r Tonic Sol-ffa i'r plant a'n hieuenctid . . . pwysleisiai fanteision yr addysg hon i'r ieuenctid ac i Ganiadaeth y Cysegr.[125]

O ganlyniad anfonwyd llythyr at holl eglwysi'r Cyfundeb 'yn dwyn sylw at y mater pwysig hwn'.[126]

Maes o law, dyfarnwyd anrhydedd mwyaf Coleg y Tonic Sol-ffa, sef yr F.T.S.C., i Mrs Davies am ei thalcwaith a'i gorchestion. Ond rwy'n siŵr mai hi fyddai'r gyntaf i gydnabod y 'cydweithio cyson' ac na fedrai fod wedi cyflawni gymaint heb gymorth a phresenoldeb ei phriod yn y dosbarthiadau. Nid oedd eu disgyblion yn saint. Yr oedd bechgyn y wlad hyd yn oed yr adeg honno yn ddrygionus, a dweud y lleiaf, ac wrth gwrs yn ddigon swnllyd. A derbynient bawb—clust at ganu ai peidio! Efallai y cawn eglurhad am eu dyfalbarhad mewn erthygl o eiddo Mrs Davies:

> Rwy'n credu'n gryf mewn 'Arwyddion Llaw' wrth ddysgu gwahanol oslefau'r siart Sol-ffa i blant ifanc. Un o'm pleserau wrth ddysgu yw gwylio wynebau siriol y plant ifainc hyn wrth iddynt ddilyn yr arwyddion llaw mewn cywair a symud.[127]

Esgorodd y dosbarthiadau Tonic Sol-ffa ar gynnal cyngherddau yn lleol. Ac o hynny cychwynnodd Adran o Urdd Gobaith Cymru. Yna wrth i'r plant dyfu rhaid oedd sefydlu Aelwyd.

ADRAN AC AELWYD YR URDD YN ABER-PORTH

Yn ei anerchiad olaf i Eglwysi Beulah a Bryn-mair (am y flwyddyn 1969) mae Tegryn Davies yn cofnodi i'w briod ac yntau fod yn gyfrifol am Adran ac Aelwyd Aber-porth am 28 o flynyddoedd rhwng 1937 ac 1965, gan groesawu'n gynnes nid

---

[125]R. Anthony Davies, Cofnodion Cwrdd Chwarter 5 Rhagfyr 1956, *Llyfr Cofnodion Cyfarfod Chwarterol Annibynwyr Ceredigion*.

[126]ibid.

[127]Lydia May Tegryn Davies, Music—Its Place in the Daily Lives of the Welsh People, *Bulletin*, Curwen International Music Association, Medi 1965.

yn unig blant ac aelodau ifanc y ddwy Eglwys ond plant a phobl ifanc yr ardaloedd. Mae'n llawenhau wrth gofio na ddigwyddodd yr un anffawd na damwain i'r plant na'r bobl ifanc (gymaint â phedwar ugain ohonynt weithiau) a ymwelodd â thros ugain o Eisteddfodau Cenedlaethol, ledled Cymru ond y mae'n cyfaddef bod y cyfrifoldeb i'r rhieni, yn enwedig am y plant lleiaf, yn dipyn o bryder. Ei unig ymffrost gostyngedig yw:

> Yr ydym yn gobeithio bod yr Eglwysi a'r cylchoedd ar eu hennill drwy'r arweiniad yma mewn Cerddoriaeth, Cerdd Dant a Llenyddiaeth.[128]

Gwyddys bod y datganiad hwn yn fwy na chynnil a diymhongar. Yn ffodus, y mae rhestr o'r buddugoliaethau eisteddfodol a rhestr o'r cyngherddau a roes yr Aelwyd at wahanol achosion da yn ystod y cyfnod hwn ar gael gan y teulu. Nid gormodiaith yw dweud y byddai'n anodd iawn yng Nghymru'r pumdegau a'r chwedegau i ddod o hyd i unrhyw berson a goleddai ddiddordeb yn y Pethe nad oedd wedi clywed am Adran ac Aelwyd Aber-porth a'u gorchestion. Enillwyd dros gant a hanner o wobrau ym mhrif wyliau cenedlaethol ein cenedl. Go brin bod gwobr i Gorau Ieuenctid a Phartïon Cerdd Dant nad oedd Aelwyd Aber-porth wedi eu hennill rywdro ac yn aml iawn wedi eu hennill lawer gwaith trosodd. A'r syndod yw bod y ddau bron yn hanner cant oed ar gychwyn eu gwaith gorchestol gyda'r Adran a'r Aelwyd.

Daeth y wobr genedlaethol gyntaf o Eisteddfod Genedlaethol yr Urdd, Corwen yn 1946. Enillodd Geraint Jones, Banc Cottage, wobr am ganu. Bu ar y radio—peth anarferol iawn yn 1946. Medd R. E. Griffith:

> . . . daeth yn amlwg yn Eisteddfod Genedlaethol Corwen bod doniau disgleiriach na'r cyffredin yn Aber-porth ac y byddai'r Adran a'r Aelwyd hon yn gystadleuwyr peryglus yn eisteddfodau'r dyfodol.[129]

[128]T. Tegryn Davies, Anerchiad, *Adroddiad Eglwysi Annibynnol Beulah a Brynmair 1969*, E. L. Jones a'i Fab, Argraffwyr, Aberteifi.

[129]R. E. Griffith, *Urdd Gobaith Cymru, Cyfrol 2, 1946-1960*, Cwmni Urdd Gobaith Cymru, 1972, t. 19.

Cofia Sid Jones am Geraint Banc Cottage, Teifion Puw, Alun y Marian ac yntau yn cysgu mewn gwelyau bync yn atig Tŷ'r Ysgol yng Ngharrog. Ac yn ôl Sid, oherwydd bod Eisteddfod Genedlaethol Corwen yn rhedeg yn hwyr, bu'n rhaid i rai o aelodau'r Adran deithio adre ar un trên a'r lleill ar drên hwyrach. Ar yr ail drên buont yn cydganu gyda rhyw fenywod o'r Fyddin a deithiai i Donfannau. Roedd hi'n chwech o'r gloch fore Sul arnynt yn cyrraedd adre yn Aber-porth! Profiadau mawr i blant y wlad! Cofia Sid Jones hefyd am yr Adran yn cynnal cyngerdd yng Nghydweli y flwyddyn cynt (1945) ac aelodau'r Adran yn gweld bachgen du am y tro cyntaf a hwnnw'n siarad Cymraeg. Yn Eisteddfod Genedlaethol yr Urdd Pontarddulais 1947 enillodd y Côr Adran y wobr gyntaf am ganu 'Brenin Seion'. Mewn Cyngerdd Dathlu yn Neuadd Aber-porth cyflwynwyd darlun i Mrs Davies i gofio'r achlysur.

A thrwy gystadlu, a chyrraedd y llwyfan yn aml iawn ym mhob Prifwyl yr Urdd am yr ugain mlynedd nesaf, daeth y genedl i gysylltu'r Brifwyl â'r Parchedig a Mrs T. Tegryn Davies ac Aber-porth. Drwy lwyddiannau y Côr Cymysg, y Côr Merched, y Côr Bechgyn, y Parti Cerdd Dant, y Parti Cydadrodd, y tîm Cymorth Cyntaf, y Pedwarawd, y Ddeuawd, y Prifardd Dic Jones, y Delynores Buddug Stephens (Davies gynt) ac unigolion eraill sicrhaodd Aelwyd Aber-porth y Darian am yr Aelwyd orau dair ar ddeg o weithiau. Yn 1956 mentrodd yr Aelwyd i Eisteddfod Genedlaethol Cymru, Aberdâr. Yn ystod y naw mlynedd nesaf cipiasant gwpanau cystadlaethau'r Corau Ieuenctid a'r Corau Cerdd Dant. Yn wir, enillwyd y ddau yng Nglyn Ebwy a Chaerdydd. Ar faes ehangach, bu'r Côr Cymysg yn llwyddiannus mewn cystadlaethau a oedd yn agored i wledydd Prydain, sef 'Let the People Sing'. Buont ar raglenni radio a theledu yn gyson, gan ddarlledu hyd yn oed i wledydd tramor. Gymaint oedd y llwyddiannau fel bod y tlysau canlynol yn cartrefu yn Y Marian ar ddiwedd y flwyddyn 1960:

Cwpan Côr Plant a Chwpan Côr Ieuenctid Eisteddfod Llanwrtyd;
Cwpan Côr Plant a Tharian Côr Ieuenctid Gŵyl Fawr Aberteifi;
Cwpan Cerdd Dant Gŵyl Cerdd Dant Llandysul; Tarian Parti Meibion, Cwpan Côr Ieuenctid a Tharian yr Aelwyd o Eisteddfod

Genedlaethol yr Urdd, Dolgellau; Cwpan Côr Ieuenctid a Chwpan Côr Cerdd Dant o Eisteddfod Genedlaethol Cymru, Caerdydd.[130]

Trefnydd Sir yr Urdd ar y pryd oedd Y Parchedig Evan Isaac a phan ofynnwyd iddo beth oedd wrth wraidd y llwyddiant syfrdanol, ei ateb oedd:

Gwyn fyd yr ardal a gafodd arweinyddion fel y Parchedig a Mrs T. Tegryn Davies. [131]

Ni fedrir ond cytuno'n llwyr. Mae datganiad Evan Isaac hefyd yn dwyn i gof yr haeriad cyffredin mai yr un yw'r doniau craidd ym mhob oes ac mai'r arweinyddion sy'n wahanol.

Pwysleisiai Mrs Davies wrth y corau am adael i'r geiriau bach fynd ac yna byddai'r rhythm a'r ystyr yn dod. Dyna'r hanfodion, ac yna cyn cystadlaethau pwysig byddai Andrew Williams, Aberteifi yn dod i gynorthwyo gyda'r dehongliadau ac ychwanegu at y sglein. Ond wrth gwrs roedd y gwaith caled wedi ei gyflawni cyn hynny. Dywedwyd gan y beirniaid cerddorol ar y pryd mai cryfder Côr Aelwyd Aber-porth oedd yr asiad. Nid yw hynny yn syndod gan fod llawer iawn o'r aelodau, o gael eu meithrin drwy'r Dosbarthiadau Tonic Sol-ffa ac Adran yr Urdd, wedi canu gyda'i gilydd o'u babandod bron. Ffactor arall oedd y gorgyffwrdd rhwng y Côr Cydadrodd, y Côr Cerdd Dant a'r Côr Cymysg. Byddai Mrs Davies yn pwysleisio'n agored bod cyfraniad ei phriod gyda'r Côr Cydadrodd yn sylfaen i ganu deallus a chlir. Medd Dic Jones yn y gyfrol *Namyn Bugail*:

Roedd yr Aelwyd felly yn hunangynhaliol mewn doniau cerddorol.

Soniwyd am orchestion ac enwogrwydd yr Aelwyd. Ond ni ddymunai'r bartneriaeth roi'r pwyslais ar y rhain. Collodd yr

---

[130]Erthygl gan G. Wyn James, *Cardigan and Tivy Side Advertiser*, Ionawr 1966.
[131]ibid.

Adran a'r Aelwyd lawer iawn o wobrau yr oeddynt yn haeddu eu hennill. Ond troi'r foch arall a wnaent yn ddieithriad ac edrych ymlaen at yr eisteddfod nesaf. Ceir hanes yn *Y Cymro* am yr Adran yn cychwyn ar y daith i Eisteddfod Genedlaethol yr Urdd yn Wrecsam yn 1950 am 4 o'r gloch y bore mewn tri bws. Roedd yr Adran wedi ennill y darian am y nifer mwyaf o farciau llwyfan yn Eisteddfod Genedlaethol Pontarddulais y flwyddyn cynt ac yn bwriadu cystadlu ar ddeg o eitemau er mwyn ceisio cadw'r darian honno. Yn anffodus, er honni hynny wrth gychwyn, ni wyddai gyrrwr y bws cyntaf y ffordd ac yn Llangurig fe gymerodd y troad am Lanfair-ym-Muallt a'r De yn lle'r troad am Y Drenewydd a'r Gogledd! Ar ôl teithio am dros bedair awr a chwarter cawsant eu hunain yn Llanymddyfri —lai na 50 milltir o Aber-porth. Yr oedd llawer o'r plant yn eu dagrau a phawb yn naturiol yn siomedig dros ben. Ond medd *Y Cymro*:

> . . . nod y cystadleuwyr a'u harweinyddion, y Parch a Mrs Tegryn Davies, yw tarian Abergwaun y flwyddyn nesaf.[132]

Edrychent ymlaen nid yn ôl. Ac yn Eisteddfod Genedlaethol yr Urdd yn Abergwaun, yn 1951, yr enillodd y pedwarawd pedwar llais—Beryl, Rhiannon, Alun a Dic—farciau llawn am eu datganiad gwefreiddiol. Yn ôl R. E. Griffith:

> . . . y wefr fwyaf erioed oedd gwrando ar bedwarawd Aelwyd Aber-porth dan ddeunaw oed yn canu 'Y Fam a'i Baban'. Ni chlywyd na chynt nac wedyn ddim byd tebyg i hyn ar lwyfan Eisteddfod Genedlaethol yr Urdd. Toddodd y gynulleidfa fawr wrth wrando ar harmoni'r pedwar llais, a phe bai hwn yn gyngerdd yn hytrach nag eisteddfod byddai'r dorf wedi mynnu encôr drachefn a thrachefn. Un gair yn unig a sgrifennodd y beirniad, Mrs W. W. Davies, ar ei phapur y foment honno— 'Perffaith!' Golygai hynny gant-y-cant mewn marciau, a dyma'r geirda mwyaf posibl i lafur Mrs Tegryn Davies dros blant a phobl ifanc Aber-porth.[133]

---

[132]*Y Cymro*, 9 Mehefin 1950.
[133]op. cit., R. E. Griffith t. 154.

Gwasanaethu'r ardaloedd oedd nod Mr a Mrs Davies ond gorlifodd eu cyfraniad i'r siroedd cyfagos a thrwy Gymru a thu hwnt. Bu'r Aelwyd yn perfformio mewn dau gyngerdd yn y Royal Albert Hall yn Llundain (1959 ac 1962). Cynhaliwyd cyngherddau eraill yn Birmingham a Llundain ond yn bwysicach o lawer oedd y pum cant a mwy o gyngherddau ledled Cymru. Roedd D. J. Williams yn y cyngerdd a gynhaliwyd yn Theatr Ysgol Uwchradd Abergwaun, nos Sadwrn 19 Hydref 1957. Mynnai yn ei adroddiad i'r papur lleol nad anghofiai neb a oedd yn y cyngerdd hwnnw yn rhwydd:

> . . . deg ar hugain o ieuenctid y cylch, yn fechgyn ac yn ferched rhwng y pymtheg a'r pump ar hugain oed yn rhoddi i ni gyngerdd o glasuron mewn llên a chân, o'r dechrau i'r diwedd, a hynny mor naturiol a diymdrech, i bob golwg â phetaent yn actorion proffesedig yn byw ar eu crefft.[134]

Holodd a fyddai'n bosibl i eglwysi ac ysgolion Abergwaun uno â'i gilydd i geisio dilyn esiampl:

> . . . wych a dewr Aber-porth fel ymateb i'r dylanwadau hynny o bob tu sy'n tynnu beunydd o dan sail ein hiaith, ein diwylliant, ein crefydd, a'n ffordd o fyw?

Ysgrifennodd Noel John lythyr i'r *Western Mail* yn y chwedegau yn dweud:

> Petai gan bob pentref yng Nghymru bobl o galibr y Parchedig a Mrs T. Tegryn Davies i edrych ar ôl eu hieuenctid, byddai problemau cymdeithasol yn cael eu lleihau'n sylweddol os nad eu dileu'n gyfan gwbl.

Pwysleisiodd D. J. Williams hefyd fod gorchest Mr a Mrs T. Tegryn Davies wedi ei chyflawni o ganlyniad i waith gwirfoddol disgybledig y tu allan i furiau unrhyw ysgol. Ond nid amharodd gwaith yr Aelwyd ar waith ysgol oherwydd y flwyddyn honno:

[134]D. J. Williams, Erthygl, Cyngerdd Aelwyd Aberporth, *County Echo*, 24 Hydref 1957.

. . . y tu mewn i furiau Ysgol Ramadeg Aberteifi fe basiodd pump aelod o'r Aelwyd hon Arholiadau Uchaf, (Advanced Certificate) y W.J.E.C.—gorchest arall tra nodedig.

Mae'n werth sôn am un ffaith arall yn y fan hon. Y tro cyntaf y gwahoddwyd yr Aelwyd i gymryd rhan mewn Cyngerdd Dydd Gŵyl Ddewi yn yr Albert Hall, gwrthododd Tom Evans, Prifathro Ysgol Ramadeg Aberteifi, roi caniatâd i'r un disgybl deithio i Lundain ar y prynhawn Gwener. Felly bu'n ofynnol i'r Aelwyd deithio yno yn ystod y nos. Ar y ffordd yn ôl nos Sul, er bod pob un wedi blino'n lân, gofynnodd Tegryn Davies i bob un oedd yn ddisgybl yn Aberteifi wneud ymdrech arbennig i fynychu'r ysgol drannoeth. Yn ôl Menna Aurona James:

> . . . yn y Gwasanaeth Boreol gofynnodd Tom Evans i bob Aelod o Aelwyd Aber-porth ddod i'r tu blaen er mwyn iddo gael ein cyfrif. Yr oeddem yno bob un. Yr oeddem wedi ei guro a'r tro nesaf y gwahoddwyd yr Aelwyd i'r Albert Hall fe roddodd ganiatâd inni golli prynhawn heb unrhyw anhawster!

Tegryn Davies fyddai'n arwain y cyngherddau cyffredin a gwnâi hynny mewn dull syml iawn heb dynnu sylw ato'i hun. Byddai'n cyhoeddi'r eitemau fesul tair i arbed amser, ar ôl egluro na fyddai'n dweud storïau doniol rhwng yr eitemau gan y gallai pawb i gael y rheiny am ddwy geiniog ar gefn bocs matsys!

Roedd y cyngherddau yn wledd o ddiwylliant ac iddynt awyrgylch arbennig wrth i ddeg ar hugain o ieuenctid o bob enwad ganu ac adrodd darnau safonol i gyfeiliant Ray ar y piano a Buddug ac Alun ar y delyn. A byddent yn fodd i godi arian at achosion da. Gwnaed elw o £150, a oedd yn arian mawr ar y pryd, i Gymdeithas y Deillion mewn un cyngerdd yn y Pafiliwn yn Aberteifi. Ac o sôn am y deillion, y mae'n deg nodi bod Tegryn Davies ar un adeg yn recordio corau yr Aelwyd iddynt yn weddol gyson. A hynny pan oedd y recordydd tâp yn declyn prin ac anghyfarwydd.

Bu'r Adran a'r Aelwyd yn ffodus iawn mewn cyfeilyddion— yn eu mysg Eiry a Julie James, Gwernfa; Gwyn Evans Jones, Penrallt; Verley Griffiths, Tŷ'r Ysgol, Tremain; Alun y Marian;

Norah Jenkins, Annedd Wen; Dilys Davies, Cwarel; a Ray Evans, Pantygennau. Yn yr ymarfer bob nos Wener byddai'r cyfeilyddion, yn enwedig Dilys ac yna Ray, ynghyd â Mr a Mrs Davies, wrthi am oriau gyda phlant yr Adran ac yna ieuenctid yr Aelwyd. Roedd angen rhyw seibiant a dyna sut y dechreuodd yr arfer o 'baned o de a bynen Preis'. Ac fe gofiwn am wasanaeth cyson Mrs Sally Davies, Penforial, a Mrs Rita May Evans gyda'r paratoi, y gweini a'r golchi'r llestri.

Soniwyd droeon am allu Tegryn Davies i weld ei gyfle. Mewn un noson ar faes Gŵyl Fawr Aberteifi gwerthodd Aelwyd Aber-porth 684 o gopïau o *Agor Grwn*, sef llyfr cyntaf Dic Jones. Dyna Ymgyrch Gwerthu Llyfrau yn wir.

Aelwyd o anian arbennig oedd Aelwyd Aber-porth. Beirniadwyd hi gan rai a fynnai y dylasai'r Aelwyd fod yn amlochrog drwy ddarparu cyfle i gymryd rhan mewn chwaraeon, dawnsio gwerin a gwersylla. Atebai Tegryn Davies hwy drwy egluro bod ei briod ac yntau yn ceisio arwain ieuenctid tuag at y celfyddydau a diwylliant gorau'r genedl. Y gair, y gerdd a'r gân oedd eu Pethe. Neu efallai y byddai'n fwy bachog drwy ddweud:

> Diwyllio'r pen rydym ni yma ac nid y traed. Mae'n bosibl cael hiwmor iach wrth wneud rhywbeth buddiol ac adeiladol.[135]

Yn ôl ei fab Alun:

> Nid oedd gan fy nhad unrhyw amynedd tuag at bêl-droed na dawnsfeydd. Roedd hyd yn oed Dawnsio Gwerin yn groes i'w raen. Credai mai drwy ddiwylliant yr oedd gwella'r hunan a dod 'mlaen.

A dywedodd Mrs Davies un tro:

> Mae yna ddigon o siarad am gadw'r iaith a'r diwylliant Cymraeg, ond gwell gennym ni weithio'n dawel trostynt.[136]

---

[135]op. cit., G. Wyn James.
[136]ibid.

Eglurwyd gan Dic Jones yn y gyfrol *Namyn Bugail* mai maes llafur yr Adran a'r Aelwyd oedd Rhestr Testunau Eisteddfod Genedlaethol yr Urdd am y flwyddyn ganlynol:

Ac ymarferiadau wythnosol, ynghyd â chystadlu mewn gwyliau ac eisteddfodau lleol, a chynnal ar gyfartaledd tua chyngerdd y mis, fyddai'r drefn tan y Mehefin canlynol.

Mae Dic Jones yn yr un erthygl yn egluro nad unrhyw orddifrifoldeb neu sychdduwioldeb dihiwmor ar ran yr arweinydd oedd y rheswm pam na roddwyd llawer o le i weithgareddau ysgafnach yr Urdd. Yr oedd hynny i'w ganfod yn y ffaith syml nad oedd gan y rhan fwyaf o'r aelodau mo'r hamdden i'r pethau hynny. Beth felly a ddenai'r aelodau? Anogaeth rhieni a goleddai barch tuag at y Pethe oedd un rheswm yn sicr. Roedd ffrindiau yn anogaeth arall. Byddai Mrs Davies yn dweud nad oedd ganddi siwgr i'n denu ac mai yr unig addewid a fedrai ei rhoi oedd digon o waith caled. Yn ôl Dic Jones yn yr un gyfrol, waeth i'r aelodau beidio â gwneud esgus mai ystyriaethau diwylliannol yn unig a'u denent gan fod:

. . . nifer y priodasau rhwng aelodau yn profi'n wahanol.

Soniwyd bod yr Urdd yn hunangynhaliol mewn doniau cerddorol. Yr oedd hefyd yn hunangynhaliol yn ariannol. Medd Dic Jones eto:

Yr oedd darbodaeth naturiol Mr Davies wedi gofalu fod y llecyn lle safai'r caban wedi ei roi ar osod i garafannau gydol y flwyddyn, ac incwm y rheini'n sicrhau na fu raid i'r Aelwyd fynd ar ofyn trefniadaeth ganolog yr Urdd na Phwyllgor Sir am geiniog erioed at ei chynnal.

Ni fyddai braslun o hanes Adran ac Aelwyd Aber-porth yn gyflawn heb gofnodi hanes y Caban a'r tir y safai arno. Soniwyd am 'weld pell' Tegryn Davies fwy nag unwaith ac y mae sicrhau'r tir a'r Caban yn enghraifft arall o'i weithredu i bwrpas ymarferol. Yn ystod y Rhyfel, yn 1944, trefnodd fod Adran ac Aelwyd yr Urdd Aber-porth yn prynu'r darn tir y tu ôl i'r Neuadd oddi wrth David Morris, Llangoedmor. Yn 1946 sicrhaodd, yn rhad ac am ddim, gaban pren nad oedd ei angen bellach yn y 'Camp' gerllaw, ac a dynnwyd i lawr. Dan oruchwyliaeth David Jenkins, Annedd Wen, a Gerwyn Richards, codwyd ac addaswyd y Caban gan adael digon o le o'i amgylch i doiledau a chwe charafán. Codwyd y toiledau a llwyddodd Tegryn Davies i gael Trwydded Maes Carafanio Swyddogol! Sicrhawyd y tir, y Caban, y toiledau a'r drwydded heb gymorth unrhyw grant. Ac yn fwy na hynny, bu llwyddiant y fenter yn sicrwydd cartref a chynhaliaeth ariannol i'r Adran a'r Aelwyd. Medd Alun y mab:

> Yr oedd gan rai Aelwydydd eraill gartrefi parhaol ac nid oedd unrhyw sicrwydd y cawsai'r Adran a'r Aelwyd barhau i ddefnyddio Neuadd Aber-porth. A bu'r incwm sylweddol a dderbyniwyd oddi wrth y chwe charafán yn gyllid hwylus.

Roedd Tegryn Davies yn gasglwr cyfrwys. Byddai ganddo'r ddawn i ddewis y person neu'r teulu iawn i ddechrau rhestr. Cofia David Laurence Jenkins amdano yn prynu bwrdd biliards gan feddwl y byddai Pwyllgor y Neuadd yn awyddus iawn i'w brynu oddi wrtho. Ond dyfarnwyd y byddai'n mynd â gormod o le. Roedd y bwrdd ar ei ddwylo ond casglodd ddigon o arian i dalu amdano mewn un bore Sadwrn wrth gerdded drwy'r pentre. Byddai'n sôn am ei bryder a'i drafferthion wrth bob un a welai ac fe gafodd un cyfraniad ar ôl y llall nes cael digon i dalu am y bwrdd biliards heb ofyn yn uniongyrchol i neb am gyfraniad tuag at yr achos.

Bu mynychu'r Aelwyd o fudd i bob aelod. Cawsant bob cyfle i fod yn well dinasyddion ac yn well Cymry. Dysgwyd pob un i golli yn ogystal ag ennill ac i ymddwyn yn fonheddig ar bob achlysur. Er i'r Adran a'r Aelwyd ennill ar gymaint o achlysuron, yn naturiol gwnaethant golli cynifer, os nad mwy, o weithiau. A dysgwyd cenedlaethau i ganu ac mae'r gwaith yn dal i ddwyn ffrwyth. Myn D. J. Roberts mai:

> Yn niwydrwydd digyffelyb yr Aelwyd hon ac yn ei llwyddiannau aml y cyrhaeddodd ymroddiad gwyrthiol partneriaeth 'Y Marian' y pinacl.[137]

[137]D. J. Roberts, Mrs Tegryn Davies, *Y Faner*, Ebrill 6 1979.

Mae'n dyfynnu D. J. Williams:

Nid un dyn a ysbrydolodd yr Urdd yn Aber-porth i dreiddgarwch ei gweledigaeth ac i ragoriaeth ei gwaith ond deuddyn o ddoniau ac o ymroddiad pur eithriadol.

Yn naturiol, nid yr un fyddai prif ddiddordebau pob aelod. Roedd Alun Morgan yn frwdfrydig yn y Tîm Cymorth Cyntaf. Enillai Buddug Davies (Stephens bellach) y prif wobrau yn gyson am chwarae'r delyn yn y ddwy Eisteddfod Genedlaethol. Ac yr oedd Dic Jones yn prydydda. Enillodd ef, tra oedd yn aelod o'r Aelwyd, nifer fawr o wobrau, gan gynnwys y Gadair bum gwaith (y tro cyntaf yn Y Bala yn 1954) yn Adran Lenyddiaeth Eisteddfodau Cenedlaethol yr Urdd. Mae'r Prifardd T. Llew Jones, yn ei gyflwyniad i lyfr cyntaf Dic Jones, sef *Agor Grwn,* yn amlinellu'r cefndir. Eglura fod Dic, yn ifanc iawn, yn Aelwyd yr Urdd Aber-porth, wedi dod o dan ddylanwad Tegryn Davies:

. . . yr hwn a fu'n noddwr ac yn athro barddol iddo o'r cychwyn cyntaf.

Mae Dic Jones yn rhagair yr un llyfr yn cofio mynd â phedair llinell ar siâp englyn at Tegryn Davies tua 1952 er mwyn cael ei farn a dywed:

Ac o'r dydd hwnnw ni phallodd ei gefnogaeth ef o'm prydydda, nac mewn llawer cyfeiriad arall, chwaith, o ran hynny.

Noda mai yn y cyfnod hwn, drwy ddysgu rhannau o awdlau a chywyddau i'w canu ym mharti cerdd dant Aelwyd yr Urdd Aber-porth, y dechreuodd ymddiddori yn y canu caeth. Diolcha am y cyhoeddusrwydd a ddaeth iddo ef a'i gerddi drwy i'r Aelwyd eu hadrodd a'u canu gyda'r delyn mewn cyngherddau ac ar y radio a'r teledu. Mae Dic yn cydnabod camp Alun y Marian (mab Mr a Mrs Tegryn Davies) gyda'r gosodiadau, a gwyddys i Alun ei hunan ledaenu'r adnabyddiaeth o gerddi Dic drwy eu canu'n hunan-gyfeiliant ar y delyn.

Yn y fan hon y mae crybwyll bod Dic Jones, mewn erthygl yn *Allwedd y Tannau*, wedi egluro sut y datblygodd Mr a Mrs Tegryn Davies, a'u mab Alun, gyda chymorth Eluned Elis Williams (gynt Jones), draddodiad y De, a'i gyfoethogi i ymdebygu i Gerdd Dant. Cyn eu dyfodiad nhw, canu penillion gwreiddiol neu dopical yn aml iawn, ar alawon cyfarwydd, oedd yr arfer ac nid oedd sôn am Gerdd Dant. Ond fel y dywed Dic Jones yn *Allwedd y Tannau*:

> . . . yn unol â breuddwyd Mrs Davies daeth Canu Penillion a Cherdd Dant yn un.[138]

Bu Dic Jones am gyfnod hefyd yn rhoi gwersi cynghanedd yn yr Aelwyd.

Yn 1969, wedi i'r Adran a'r Aelwyd i bob pwrpas ddod i ben, trosglwyddwyd y Caban a'r safle i Urdd Gobaith Cymru yn ganolog i'w haddasu'n ganolfan cyrsiau a phreswyl hunan-gynhaliol i grwpiau bychain. Medd y daflen hysbysebu:

> Gall [y grwpiau] ddewis unrhyw weithgaredd megis gwaith map a chwmpawd, astudio byd natur, a bywyd gwyllt glan y môr, hanes bro, daeareg, ffotograffi, cerdded llwybrau, a chanwio a hwylio . . . '

Derbyniwyd y Caban a swm o arian ar ran yr Urdd gan Alun Creunant Davies ac meddai wrth wneud:

> Math o gofeb yw hon i ragor na chwarter canrif o wasanaeth gwirfoddol ymroddedig gan y Parchedig a Mrs Tegryn Davies i'r Urdd ac i'r ardal hon.[139]

Yn y seremoni agoriadol yr oedd gan Dic Jones gywydd i'r achlysur. Mae 'Y Caban' yn disgrifio'r newid a fu yn hanes y Caban:

---

[138]Dic Jones, Mrs Tegryn Davies a Cherdd Dant, *Allwedd y Tannau*, Rhif 41, Gwasg Gee, 1982, t. 16.

[139]Alun Creunant Davies, R. E. Griffith yn ei ddyfynnu, *Urdd Gobaith Cymru—Cyfrol 3*, Gwasg Gomer, 1973.

'I bob dim mae ei dymor',
I gaban a chân a chôr,
Mae ei brifiant a'i anterth
A'i brynhawn i bob rhyw nerth.
I'w ran mae awr yr un modd
Pan fo lês ei wres drosodd,
A'n holl ddyheu ni all ddwyn
Ei thro eilwaith i'r olwyn.

Ond o hyd mae atgo'n dal
I gynnal hen ogoniant.

A hawdd heddiw yw iddynt
Gofio caban y gân gynt,
Ar nos Wener yn seinio
I gyd nes oedd dyn o'i go,
O un cornel sŵn telyn,
Yn y llall roedd ambell un
Yn bwrw darts, a'u berw dwl
Yn sgubo dros y cwbwl,
Y bois yn hanner seriws
Yn Rowndio'r Horn draw'n y drws,
Tra yr oedd pentwr o'r rest
Yn solffana ar silff ffenest.
Ond pan fai'r Parch. yn barchus
Yn dodi'i fawd a dau fys
Yn ysgawn yn ei wasgod,
Fel ar fel yr oedd hi i fod.
De Gaulle ein diogelwch
Ar y cwrs yn cadw'r cwch.

Mae'r hen gaban yn lanach
Heno, bois, o dipyn bach.
Hyd y llawr does dim blawd llif
Anhyfryd, na dim cyfrif
O'r darts ar ei bared o,
Na staen yr artist yno.

Vinolay'n dodrefnu'i lawr,
Toilet a bunk bed deulawr,
Ac yno'n deils gwyn a du
Sink unit, a dim sŵn canu,
Bedrwm, ond neb i adrodd
Na threio mwy, gwaetha'r modd.[140]

Pan dderbyniodd Mrs Tegryn Davies Fedal Syr T. H. Parry-Willams yn 1976, disgrifiwyd hi mewn cynghanedd gan Dic Jones fel hyn:

Y dryw â'r cryfder eryr,
Y corff brau a'r doniau dur . . .'[141]

Mae'r un cywydd yn disgrifio'i hamynedd, penderfyniad, mwynder a chaledwaith ac yn dweud nad oedd yr un o'r ddau yn cyfrif yr oriau. Yn ei erthygl yn *Namyn Bugail* y mae Dic Jones, wrth egluro mor gyd-ddibynnol oedd y ddau, yn disgrifio prif nodweddion y naill a'r llall. Ymysg ei eiriau disgrifiadol dethol i'w disgrifio 'Hi' ceir:

. . . gwên fach swil, . . . annog, . . . cymell, . . . delfrydolwraig ddiberswâd, . . . gobeithio pob dim, . . . cwbwl ddi-ildio, . . . hyder, . . . dycnwch, . . . ffydd sy'n symudo mynyddoedd.

Ond byddai'n ddigon nerfus wrth arwain. Nid oedd yn hoff o arwain côr o ben cadair na mainc. Yn yr un erthygl y mae Dic Jones yn sôn am ddwy law wen fach, grynedig. Ac yn aml gwisgai fenig gwynion.

Mae ansoddeiriau Dic Jones i'w ddisgrifio 'Ef' yn cyferbynnu'n llwyr. Yn eu mysg ceir:

. . . arweinydd wrth reddf, . . . realydd mawr, . . . llygad byd busnes, . . . ymgorfforiad o 'gelfyddyd y posibl'.

[140]Y Prifardd Dic Jones, *Caneuon Cynhaeaf*, Gwasg John Penry, 1968, tud. 89-90.
[141]Dic Jones, *Storom Awst*, Gwasg Gomer, 1978, t. 51.

120

Defnyddir yr ymadrodd 'ar y cyd' gan Dic Jones i ddisgrifio'r cydweithio, a myn D. J. Roberts fod y bartneriaeth yn:

... bartneriaeth glasurol.[142]

Gweithient gyda'i gilydd ar y cyd. Cydnabuwyd hynny yn Eisteddfod Genedlaethol yr Urdd Rhydaman yn 1957. Meddai R. E. Griffith:

Rhywbeth eithriadol oedd gwahodd gŵr a gwraig gyda'i gilydd i fod yn un llywydd fel petai, ond nid oedd dim yn od ynddo yn achos Mr a Mrs Tegryn Davies a fu'n gweithio'n glòs-gytûn am flynyddoedd lawer i beri bod galw enw Adran ac Aelwyd Aberporth yn amlach nag enw unrhyw gangen arall o lwyfan Eisteddfod Genedlaethol yr Urdd. Teyrnged y mudiad i'w gwasanaeth diymarbed hwy oedd eu galw o ganol eu haelodau i lwyfan yr Eisteddfod a oedd mor agos at eu calonnau.[143]

Ym mis Hydref 1957 anrhydeddwyd Mrs Davies ymhellach yng Nghyfarfod Blynyddol yr Urdd drwy ei hethol yn un o chwe Is-Lywydd Cwmni Urdd Gobaith Cymru.

Ni fyddai unrhyw broblemau disgyblaeth difrifol yn codi yn yr Adran na'r Aelwyd. Cofia John Gibby am Tegryn Davies yn ei wahodd, heb unrhyw rybudd, i wrando ar ddwsin da o blant yn adrodd yr un darn cyn Eisteddfod Gylch yr Urdd, gan obeithio y byddai cael cynulleidfa yn brofiad ac yn ymarfer iddynt:

Pan ofynnodd Tegryn Davies iddynt pwy oedd yn barod i adrodd gyntaf, cododd pob un ei law!

Er eu cyfeillgarwch a'u hagosatrwydd (neu oblegid hynny efallai) yr oedd gan yr aelodau barchedig ofn. Byddai ei weld yn ddigon a gwyddai pawb fod ganddo glust fain dros ben. Ond ar achlysuron prin pan fyddai direidi afieithus yn mynd dros ben llestri, megis y troeon pan daflwyd ei het yn gyflym o un i'r llall ac yntau yn ein dal; pan roddwyd owns o faco yn y

---

[142]op. cit., D. J. Roberts.
[143]op. cit., R. E. Griffith, t. 284.

dŵr te mewn cyngerdd; pan gliriwyd y pancos cyn pryd ym Mrynrhiwgaled; pan oedodd yr ail fws yn rhy hir ym Metws-y-coed; pan gollodd car y Wern y ffordd i gyngerdd ym Mhort Talbot am i Glyn y gyrrwr ifanc ei basio yn hytrach na'i ddilyn yn ôl y cyfarwyddyd, gallai ddweud y drefn yn ddigon clir ac effeithiol. A hynny, gan fynychaf, heb godi ei lais na brifo teimladau'n ormodol. Byddai fel petai yn siarad mewn damhegion ond byddai'r cap yn ffitio rhywrai bob tro. Ar yr achlysuron hyn byddai ei safiad neu ei lwyfannu yr un fath bob tro. Byddai'n sefyll ag un droed o flaen y llall, yn gosod ei law chwith ar ei ystlys ac yn rhoi dau fys a bawd ei law dde ym mhoced ei wasgod gan eu symud yn ôl ac ymlaen yn ddi-stop. Ac ar y diwedd byddai'n annog pawb i dderbyn y cerydd yn yr ysbryd y cawsai ei roi! Gan fynychaf byddai'n ddigon bore i osod y canllawiau mewn da bryd fel na fyddai angen dweud y drefn. Medd Dic Jones yn *Namyn Bugail*:

> Rhyw fath o unbennaeth haelionus oedd trefn lywodraethol yr Aelwyd, gydag ambell gyffyrddiad ysgafn o ddemocratiaeth bob hyn a hyn, pan fyddai angen trefn rhywbeth gwir bwysig fel amser a man cychwyn y bws i'r fan a'r fan, neu liw a steil ffrogiau'r merched!

Clywyd Tegryn Davies yn dweud, gyda hanner gwên, bod democratiaeth yn iawn cyn belled â bod y person iawn yn gwneud y penderfyniad! Ond yn amlach dywedai fod democratiaeth yn iawn cyn belled â bod pob un yn ddemocrat! A theg yw nodi bod y ddau, ar y teithiau bws adref o gyngherddau ac eisteddfodau, yn cau eu llygaid a'u clustiau pan fyddai cais i Tom Lewis ddiffodd golau mewnol ei fws! Roedd gan aelodau Aelwyd Aber-porth ystyr arbennig i'r gair 'transplanto'!

Daeth yn ddiwedd pennod arbennig iawn yn hanes yr ardaloedd yn 1965 pan roddodd y ddau y gorau i'r gwaith. Gwnaed rhai ymdrechion i ailgodi'r Adran a'r Aelwyd ond ni lwyddwyd hyd yn hyn. Mae Dic Jones yn ei erthygl yn 'Namyn Bugail' yn cynnig tri rheswm am hynny a phriodol eu rhestru. Yn gyntaf, cyfartaledd uwch o bobl ieuanc leol yn mynd i'r colegau; yn ail, yr arfer o sefydlu adrannau ac aelwydydd yn yr ysgolion; ac yn drydydd, lleihad yn nifer y rhai sy'n gweithio ar y ffermydd. Mae'n led-awgrymu un rheswm arall hefyd, sef bod newid pwyslais o fewn mudiad Urdd Gobaith Cymru o'r ochr gystadleuol i'r ochr gymdeithasol.

Mae'n sicr i arwyddair yr Urdd, sef, 'Byddaf ffyddlon i Gymru, i Gyd-ddyn ac i Grist', fod ym meddyliau Mr a Mrs Tegryn Davies o'r dechrau a'u bod wedi gwneud eu gorau glas i'w drosglwyddo. Ef oedd Cadeirydd Pwyllgor Sir Aberteifi ar achlysur dathlu deugain mlynedd sefydlu'r Urdd yn Llanarth yn 1961. Yn ôl R. E. Griffith:

> Iddo ef, math o Gyfarfod Diolchgarwch oedd hwn, cyfle i ddiolch am ddeugain mlynedd o gynhaeaf toreithiog. Yr Urdd, meddai, oedd mudiad mwyaf gobeithlon a llwyddiannus y ganrif hon, a dyma'r mudiad a allai wneud fwyaf eto i ddiogelu'r iaith a'r diwylliant Cymraeg ymhlith ein pobl ifanc.[144]

Dywed rhai mai dim ond yr ifanc a fedr drin ieuenctid. Ond yr oedd y ddau hyn bron yn hanner cant oed yn dechrau ar eu gwaith gyda'r Adran a'r Aelwyd. Ac yr oeddynt bron yn saith deg oed yn rhoi'r gorau i'r gwaith. Am ugain mlynedd cafodd plant a phobl ifanc Adran ac Aelwyd Aber-porth:

> . . . brofiad o ddiwylliant Cymraeg ar ei orau.[145]

Yn ôl y Parchedig D. Jacob Davies, yr oedd Mr a Mrs Tegryn Davies, drwy Adran ac Aelwyd Aber-porth, yn hybu achosion crefyddol ac yn cymathu plant y mewnfudwyr. Talodd deyrnged i waith y ddau yn *Y Cymro* yn 1960 pan oedd sôn bod Almaenwyr i ddod i'r 'Camp' lle arbrofid pob math o rocedau ac arfau. Roedd pryder y byddai'r datblygiadau diweddaraf yn Aber-porth a'r estroneiddio pellach ar bopeth a allai ddigwydd o ganlyniad i hynny yn fygythiad pellach i fywyd tawel a diwylliant Cymreig y cylch. Meddai:

[144]ibid.
[145]op. cit., G. Wyn James.

Onid yw'r achosion crefyddol Cymraeg mor fyw ag erioed ac Aelwyd yr Urdd dan arweiniad medrus y Parchedig a Mrs Tegryn Davies yn dwyn clod ac anrhydedd parhaus i'r Sir? Y maent mor fyw nes bo plant o Saeson yn cael eu tynnu atynt a'u hennill iddynt a'u tadau a'u mamau diwylliedig yn gefnogol iddynt. Ni ellir amau nad oes anawsterau ond y mae'r bywyd Cymraeg yn morio'n hwylus hyd yn hyn.[146]

Cofia David Islwyn Lewis Davies am Tegryn Davies yn dweud wrthynt yn yr Adran a'r Aelwyd:

. . . rwy'n gobeithio eich bod yn gwneud defnydd o'r hyn chi'n dysgu gyda ni yn eich eglwysi!

A chofia Lyndon Lloyd amdano'n dweud pan ddigwyddodd bregethu yn Eglwys Ebeneser, Abertawe:

Mae rhai o'n pobl ifanc ni gyda chi yma. Yna byddai'n edrych arnynt ac yn dweud, 'Gobeithio eich bod chi'n lefain ymysg y toes'.

[146]D. Jacob Davies, Erthygl—Cysgod y Cawr, Y Cymro, 8 Rhagfyr 1960.

Pennod 7

GWASANAETH CYHOEDDUS—
PWYLLGORA A CHYNGOR SIR

Nodwyd eisoes i Tegryn Davies, ac yntau'n ifanc iawn, gynrychioli Plwyf Eglwys Fair a Churig ar y Cyngor Dosbarth. Ni ddiflannodd grym yr hen anian ac etholwyd ef yn 1952 yn aelod o Gyngor Sir Aberteifi pan ddyrchafwyd Cynghorydd Plwyfi Aber-porth a'r Ferwig, sef y Parchedig Evan (Melinfab) Lewis, yn Henadur. A gwnaed hynny gyda sêl a bendith aelodau'r ddwy Eglwys er nad oedd dalgylch Eglwys Beulah yn ei etholaeth:

> Cydnabyddwn yn ddiolchgar amynedd yr Eglwysi yn caniatáu i mi dreulio peth amser yng ngwasanaeth Cyngor Sir Ceredigion, fel aelod, ac eleni, fel Caplan y Cyngor.[147]

Erbyn mis Tachwedd 1955, ac yntau wedi ei ail-ethol yn ddiwrthwynebiad chwe mis cyn hynny, yr oedd, yn ôl Ben Owen:

> . . . yn Gadeirydd Pwyllgor Addysg Cylch Aberteifi, yn aelod o Bwyllgor Ariannol a Materion Cyffredinol y Sir, Pwyllgor Cyflogau ac Apwyntiadau, y Priffyrdd, Lles, Iechyd, Gofal Plant, Addysg Bellach, Ieuenctid, Planio'r Sir, Diogelu Coedwigoedd etc.[148]

Tipyn o gamp, o fewn pum mlynedd, oedd crynhoi cymaint o bwyllgorau a thrwy hynny sicrhau dylanwad eang. Mae'r un ffynhonnell yn nodi ei fod hefyd yn aelod o Lys y Brifysgol—De Cymru a Mynwy, ac yn Llywodraethwr ar Ysgolion Gramadeg ac Uwchradd Modern Aberteifi.

---

[147]T. Tegryn Davies, Anerchiad, *Adroddiad Eglwysi Annibynnol Beulah a Brynmair 1953*, David Evans, Castellnewydd Emlyn, 1954.

[148]Ben Owen, Yr Oriel, *Tywysydd y Plant: Cyfrol 2 Rhif 11*, Gwasg John Penry, Tachwedd 1955, t. 165.

Yn y cyfnod hwn yr oedd Evan Lewis yn Henadur dros Blwyfi Aber-porth a'r Ferwig a Tegryn Davies yn Gynghorydd cyffredin. A phan ddaeth Etholiad 1958 bu cryn gynnwrf yn yr ardal. Roedd Evan Lewis yn hen gynghorydd profiadol a dylanwadol ac yn henadur. Ac yr oedd yn draddodiad, lled gyffredin drwy'r Sir bod pob henadur yn cael ei ailethol yn ddiwrthwynebiad. Byddai cyfarfod cyntaf y Cyngor Sir newydd ymhen pythefnos ac fe fyddai'r henaduriaid blaenorol yn cael eu hailgodi'n henaduriaid gan ryddhau seddau yn eu plwyfi gogyfer ag etholiadau eto. Ac yn aml iawn byddai'r un cynghorwyr yn cael eu hailhethol yn ddiwrthwynebiad yn yr ail etholiadau. Yn ôl Lyndon Lloyd:

> Roedd y cyfan i gyd wedi'i drefnu ymlaen llaw—a phob un yn annibynnol—er bod llawer ohonynt yn Ryddfrydwyr neu'n Blaid Lafur. Ambell un oedd yn Bleidiwr neu yn Geidwadwr.

Ond nid felly y bu hi y tro hwn. Fe safodd y Cynghorydd etholiad yn erbyn yr Henadur. Yr oeddynt yn bersonoliaethau gwahanol. Roedd Tegryn Davies i bob ymddangosiad yn gwbl ddigynnwrf. Mae'n rhaid fod y ddau Barchedig wedi methu â chyd-weld ynglŷn â phob mater bob amser. Yn un peth, roedd Evan Lewis a Tom Evans, Prifathro Ysgol Ramadeg Aberteifi, yn ffrindiau mawr. Ond nid felly'r Prifathro a Tegryn Davies. Roedd y Prifathro'n dwrdio Adran ac Aelwyd yr Urdd Aber-porth. Ac anfonodd Mr a Mrs Tegryn Davies eu mab Alun i Ysgol Ramadeg Llandysul. Efallai i Tegryn Davies weld cyfle i dorri ychydig ar grib goch Tom Evans. A gwyddai y byddai cario ardal Aber-porth, oherwydd y boblogaeth, yn ennill y sedd. Ac onid oedd Mrs Davies ac yntau mor weithgar gydag ieuenctid y cylch, a'r aelod seneddol poblogaidd Roderic Bowen, a oedd yn gymydog iddo, o'i blaid? Yn ôl William Davies yr oedd llawer o bobl Beulah yn anfodlon ei fod yn sefyll lecsiwn am sedd ar y Cyngor gan ei fod rhwng popeth eisoes mor brysur, ond:

> . . . ar ddydd yr etholiad roedd yr aelodau i gyd o'i blaid ac yn gofidio y byddai'n colli!

126

Bu llawer o aelodau'r Eglwysi ac aelodau'r Aelwyd yn cario trosto ac etholwyd Tegryn Davies gyda llawer iawn o gyhoeddusrwydd. Yr oedd wedi dangos ei ddewrder a'i grafter. Gwell oedd peidio â'i groesi heb resymau teilwng a chadarn. Ac ni fu raid iddo sefyll etholiad fyth wedyn!

Roedd Tegryn Davies wedi dewis bwrw i'r bywyd cyhoeddus a rhoddodd flynyddoedd o wasanaeth gwiw. Yn wir, bu nifer o weinidogion y sir yn gynrychiolwyr ar yr hen Sir Aberteifi yn y chwedegau a'r saithdegau ac yn eu mysg y Parchedigion T. Pughe Jarman, Edwin Pryce Jones ac S. Idris Evans. Yn ôl S. Idris Evans:

> Gwelem ein gwaith ar y Cyngor Sir fel estyniad o'n gweinidogaeth a rhwng y pedwar ohonom roedd gennym gryn ddylanwad.

Nid oes amheuaeth nad oedd yn gynghorydd craff. Mae Dic Jones mewn englynion ar daflen goffa Tegryn Davies wedi ei farw yn sôn am ei 'grebwyll', ei 'farn gadarn' a'i 'weld pell ystyrbwyll'. Byddai eraill yn yr ardaloedd, heb yr un ddawn mynegiant, yn honni bod 'Tegryn yn medru gweld rownd y tro'. Medd D. J. Roberts:

> Ei allu i weld ymhell oedd ei gryfder fel cynghorwr a'i baratoi manwl i fedru defnyddio'i gyfle yn effeithiol a di-dwrw.[149]

Yr oedd yn barchus iawn ymysg ei gyd-gynghorwyr. Dymunai wasanaethu ei ardal i wella bywyd y trigolion. Disgrifia Hywel Thomas ef fel Henadur doeth, boneddigaidd, heddychol, tawel a dylanwadol, a fyddai'n cyfrannu yn yr is-bwyllgorau:

> Enillodd barch ac edmygedd heb areithio'n huawdl. Byddai cadeiryddion yn gofyn am ei farn cyn penderfynu. Ei weithredoedd tawel oedd ei huodledd dros y Gymraeg a Chymru.

[149]D. J. Roberts, Teyrnged yn *Y Tyst*, Awst 1974.

Cadarnheir hyn gan Marie James. Disgrifia hi ef fel dyn saff, sownd na fyddai'n bloeddio yn yr heolydd nac yn codi llais er mwyn codi llais. Ond:

> Roedd yn gadarn dros y Pethe ac yn gefn a thŵr i syniadau blaengar Alun Edwards, y Llyfrgellydd Sir, ynglŷn â Llyfrgell Deithiol, cwisiau llyfrau a rhyddhau awduron fel T. Llew Jones.

Yn wir roedd y Cyngor Sir a'i Bwyllgor Addysg yn hynod o flaengar, e.e. sefydlwyd y Coleg Llyfrgellwyr a'r Coleg Amaethyddol yn Aberystwyth (gan lwyddo i gael nawdd gan Awdurdodau eraill), a Cholegau Addysg Bellach yn Aberystwyth, Felin-fach ac Aberteifi. Sefydlwyd Canolfan a Theatr Felin-fach a mabwysiadu polisi o Ysgolion Ardal a oedd hefyd yn Ganolfannau Cymdeithasol.

Cofia Mary Llywelfryn Davies ef fel person oedd bob amser o blaid yr iaith a'r diwylliant Cymreig. Ac fe'i cefnogodd hi:

> . . . yn y frwydr i sicrhau Meddyg Plant i Ysbyty Bronglais yn hytrach na chanoli'r gwasanaeth hwnnw yn Ysbyty Glangwili.

Dywedai Tegryn Davies fod llawer o geiliogod a hoffai ganu ar y Cyngor ond mai ennill y bleidlais oedd yn cyfrif. A braenaru'r tir a wnâi ef. Ni fyddai hyn wrth fodd pawb. Cofia Lyndon Lloyd i Cassie Davies ddweud wrtho mai gwendid rhai o'r cynghorwyr, a Tegryn Davies yn eu mysg, oedd eu bod fel y bobl hynny a siaradai y tu allan i'r Capel yn lle datgan eu barn y tu mewn. Mynnai Cassie Davies eu bod yn bobl ddeallus a fyddai'n dawedog rhag cynhyrfu'r dyfroedd pan ddylent ei dweud hi. Ond yr oedd llawer o'r cynghorwyr fel petai arnynt ofn cythruddo ei gilydd a tharfu ar y ddealltwriaeth Gogledd-De. Yn sicr, yn ôl Lyndon Lloyd:

> Person cymodlon nid ymosodol oedd Tegryn Davies a fyddai'n trimio'r hwyliau er mwyn ennill y dydd.

Mae gan Lyndon Lloyd hanesyn diddorol sy'n dangos yn glir pa mor foneddigaidd, ac ofnus efallai, yr oedd y mwyafrif ohonynt. Eu dymuniad oedd ceisio cynorthwyo pawb heb gythruddo neb. Roedd hi'n arferiad ganddynt i ganiatáu gweithwyr i barhau mewn gwasanaeth ar ôl iddynt gyrraedd oedran ymddeol, yn enwedig os oeddynt yn gyn-filwyr a'u blynyddoedd gwasanaeth o'r herwydd yn llai. Ar ddechrau'r saithdegau daeth cyfarwyddyd oddi wrth y Llywodraeth bod rhaid dwyn yr arfer hwn i ben. Gwnaed arolwg a chanfod bod Matron Worthington, Cartref Bryntirion yn 78 oed. Methwyd datrys y sefyllfa mewn pwyllgor oherwydd roedd llawer iawn ohonynt hwy, y cynghorwyr a'r henaduriaid, dros eu 80 oed! Sut fedrent hwy ddweud wrth rywun nad oedd ond yn 78 oed bod yn rhaid iddi ymddeol! Bu'n rhaid mynd â'r mater i'r Cyngor Sir llawn. Cynghorwyd hwy yno nad oedd ganddynt ddewis a bod rheidrwydd arnynt i ddwyn ei gwasanaeth i ben. Felly bu. Yr anhawster nesaf oedd dweud wrth Matron Worthington, a holwyd pwy oedd yn mynd i gyfleu y newyddion drwg iddi. Dywedodd y Clerc mai ei gyfrifoldeb ef oedd hysbysu Matron Worthington o benderfyniad y Cyngor Sir a hynny drwy lythyr. Gwrthwynebwyd hynny gan fod y mater yn llawer rhy ddifrifol i'w hysbysu drwy lythyr oeraidd. Roedd yn rhaid mynd i'w gweld ac egluro wrthi. Awgrymwyd un neu ddau o'r cynghorwyr ond yr oeddynt hwy yn hŷn na Matron Worthington. Yn y diwedd derbyniwyd awgrym Tegryn Davies bod Lyndon Lloyd, fel swyddog ifanc pwyllog ac uchel ei barch, yn mynd i gael sgwrs â hi. Ond methiant fu ymdrechion Lyndon Lloyd i annog Matron Worthington i ymddeol yn 78 oed, a chafodd lonydd i barhau i wasanaethu Cyngor Sir Aberteifi!

Byddai'n anodd cael stŵr mawr pan oedd ef yn Gadeirydd. Ond cofia Lyndon Lloyd bod y bobl hynny a ddeuai i'w weld a'i ganfasio er mwyn cael eu perthnasau i mewn i Gartref yr Henoed megis Yr Hafod yn Aberteifi, yn ei gythruddo'n lân. Byddai'n cynhyrfu wrth weld yr hen draddodiad o ofalu am yr hen a'r methedig ar aelwyd eu plant a'u perthnasau agos yn dirwyn i ben. Yn aml, y tad-cu neu'r fam-gu oedd y penteulu.

Ac yn ôl Lyndon Lloyd byddai ffurfioldeb annisgwyl yn yr hen Gyngor Sir. Saesneg yn ddieithriad oedd yr iaith ar wahân i fân siarad yn y Gymraeg. Ond byddai gwasanaeth byr dwyieithog ar gychwyn pob cyfarfod o'r Cyngor Sir llawn. A gwisgai'r henaduriaid, a Tegryn Davies yn eu mysg, drowsus streip, siaced ddu, gwasgod ddu, oriawr â chadwyn a het. Gwisgai'r henaduriaid eraill hetiau 'bowler' du ond het lwyd a wisgai ef bob amser.

Byddai gan y swyddogion barch tuag ato. Cofia Deulwyn Morgan ef fel gŵr addfwyn, strêt, heb unrhyw ddicter yn perthyn iddo ond a feddai ruddin:

> Ni welai fwganod a byddai'n ymddiried mewn pobl. Roedd yn byw ei Weinidogaeth Gristionogol ar y Cyngor Sir.

Cofia hefyd am y Prif Swyddog Eric Carson, wrth gyfeirio at y gwahaniaeth rhwng cynghorwyr a'i gilydd, yn dweud:

> Oni fyddai'n baradwys petai y cynghorwyr i gyd fel Tegryn Davies?

Gwyddys hefyd iddo gael ei ddyrchafu'n Henadur y Cyngor yn 1967 gan barhau yn aelod o'r Cyngor tan y newid ffiniau a dyfodiad Cyngor Sir Dyfed ym mis Ebrill 1974. Ef gafodd yr anrhydedd o fod yn Gadeirydd olaf yr hen Sir Aberteifi yn 1973/74. Dros y blynyddoedd bu'n aelod o bwyllgorau lawer a chynrychiolodd y Cyngor mewn cynadleddau pwysig yng Nghymru a Lloegr ac ar Fyrddau Ymgynghorol ac Addysgol. Hawdd iawn i drigolion yr ardaloedd hyn gytuno â D. J. Roberts pan ddywed fod nifer o ysgolion, neuaddau, cartrefi, ysbytai a sefydliadau eraill yn yr ardaloedd yn:

> . . . gofgolofn i'w ddycnwch a'i ddiwydrwydd di-ben-draw ef.[150]

Yn ôl Hywel Heulyn Roberts gwnaeth Tegryn Davies waith aruthrol ar y Cyngor Sir. Bu ar y Pwyllgorau i gyd yn eu tro ac arnynt i gyd bron fel Henadur. Heblaw y Cyngor Sir bu ar y Pwyllgor Addysg; Pwyllgor Dewis Aelodau y Gwahanol

[150]ibid.

Bwyllgorau; Pwyllgor Ffyrdd; Pwyllgor Gwasanaethau Cymdeithasol; Pwyllgorau Cartrefi'r Henoed; Pwyllgor Ystadau, sef Pwyllgor Gwella Eiddo'r Cyngor—Swyddfeydd, Cartrefi Plant, Llyfrgelloedd, Cartrefi Henoed; Pwyllgor Cynllunio; Pwyllgor Ymgynghorol Cynllunio; Pwyllgor Gwasanaeth Tân; Pwyllgor Cerddoriaeth, Drama a Llyfrau Cymraeg; Pwyllgor Prydau Bwyd a'r Pwyllgor Grantiau. Mynnai y dylid ceisio cynorthwyo pob unigolyn:

> Roedd ei wasanaeth yn estyniad o'i Gristionogaeth a llwyddodd i gyflawni heb esgeuluso'i eglwysi.

Ac er bod y cyhoedd yn gyffredinol yn cysylltu pwyllgora â chiniawa bras, yn ôl S. Idris Evans, tocyn ac afal fyddai cinio Tegryn Davies. Bwytâi y ddau ohonynt yn y car ar lan y môr ac yn ddieithriad âi Tegryn Davies am dro i gasglu broc môr yn goed tân. Nid oedd nac adnoddau nac amser i'w gwastraffu.

Roedd yn gweithio'n dawel fach ac yn gyson dros ei ardal. Yn ôl Hywel Heulyn Roberts eto byddai llawer:

> . . . yn dannod ei fod yn cael popeth a ddymunai yn y byd cynllunio.

Cofia amdano yn defnyddio Deddf Gwella Ffyrdd 1955 (Deddf y Lorri Laeth yn ôl rhai!) i wella ffyrdd ffermydd rhai o'i aelodau, ei etholwyr ac eraill. Yn ei hanfod yr oedd y Ddeddf honno yn caniatáu i Gyngor Sir fabwysiadu a rhoi tarmac ar ffordd a arweiniai i fwy nag un fferm hyd derfyn clos y fferm olaf ond un. Meddai Glyn Davies:

> Derbyniais lythyr yn dweud nad oedd cyllid ar gael i wella'r ffordd drwy glos y Parce. Er fy mod i allan o'i Blwyfi es i weld Tegryn Davies. Roedd y gweithwyr yno cyn pen wythnos!

Soniwyd am ei welediad pell a'i ddawn i ddefnyddio'i gyfle. Yn sicr byddai cynllwynio yn air rhy gryf ond medrai fod yn dra dylanwadol a chyfrwys yn ei ddymuniad i sicrhau llwyddiannau dyrchafol. Os llwyddai rhywun neu rywbeth i ddianc drwy'r bwlch cyntaf byddai Tegryn Davies o'i flaen yn yr ail fwlch. 'Tipyn o gadno' fyddai'r disgrifiad lleol yn aml iawn ond mae yna ddwsinau lawer o unigolion a theuluoedd yn yr ardaloedd sydd yn ddyledus iddo am faterion megis caniatâd cynllunio, cymhorthdal, tŷ cyngor a swydd. Yr oedd ei ddau ddegawd ef ar Gyngor Sir Aberteifi yn ddegawdau y canfasio enwog am ganiatâd cynllunio, cymorthdaliadau, swyddi yn gyffredinol ac yn arbennig swyddi prifathrawon. Cynghorai bawb i beidio â gofyn am ganiatâd i godi un tŷ os oedd yno le i chwech am fod gwell siawns o gael chwech nag un. Yr oedd yn awyddus iawn i weld codi tai preifat a thai cyngor yn ardal Aber-porth canys byddai rhai o'u deiliaid yn siŵr o ddod yn aelodau ym Mryn-mair ac felly'n gymorth i gadw'r Achos yn ffyniannus. Fodd bynnag, yn ôl pob tystiolaeth, ni fyddai cefnogaeth Tegryn Davies fyth yn gefnogaeth gib-ddall. Bron yn ddieithriad gwelai ei ffordd yn glir i gynorthwyo. Ond yn ôl Oliver Davies:

> Nid oedd mor barod i gynorthwyo'r sawl na wnâi ei orau i gynorthwyo'i hunan. Disgwyliai i bawb ddewis gwneud eu gorau.

A gwyddys nad oedd y bobl a gynorthwywyd yn brin o ddangos eu gwerthfawrogiad. Mae'r Cardis yn bobl haelionus yn y bôn fel y dengys casgliadau at achosion da a sefydliadau megis yr Eisteddfodau Cenedlaethol a'r Sioe Amaethyddol.

Byddai'n mwynhau brwydrau'r Cyngor a'i bwyllgorau ac yn ei anerchiad olaf i'r ddwy eglwys mae'n cadarnhau bod ei briod ac yntau yn werthfawrogol iawn o'r hyn a ddaeth i'w rhan yn yr Eglwysi, a hefyd yn Sir Aberteifi. (Dyrchafwyd Mrs Davies yn Ynad Heddwch yn 1946). Mae hefyd yn nodi ei fraint o gael cynrychioli Plwyfi Aber-porth a'r Ferwig:

> . . . am yn agos i ugain mlynedd, fel aelod o'r Cyngor Sir, a'r gwahanol bwyllgorau cysylltiedig.[151]

[151]T. Tegryn Davies, Anerchiad, *Adroddiad Eglwysi Annibynnol Beulah a Bryn-mair 1969*, E. L. Jones a'i Fab, Aberteifi, 1970.

Bu'n fraint i'r ardaloedd hefyd. Meddai D. Hughes Jones:

Gweithredai ei gredo drwy ymladd dros gyfiawnder yn y Cyngor. Drwy gyfrwng ei efengyl gymdeithasol medrodd sicrhau gwelliannau cymdeithasol.

Yr un oedd tystiolaeth S. Idris Evans:

Wn i ddim am neb mor amlochrog . . . llawn mor gartrefol yn Aberaeron . . . yn cario dylanwad, yn enw'r Efengyl—yn gydwybod ynghanol pobl yn y pwyllgorau.[152]

Yn ôl David Laurence Jenkins roedd Tegryn Davies wedi dweud wrtho ei fod ar un adeg yn aelod o dros ddeugain o bwyllgorau. Bu'n aelod o'r Cyngor Plwyf am ran helaethaf o'r un cyfnod a Phwyllgor y Neuadd yn Aber-porth. Yn ôl D. Hughes Jones:

. . . drwy fod yno [ym Mhwyllgor y Neuadd] medrai'r ddau ohonom ddiogelu'r diwylliant oedd yn cyfrif. Nid oedd yn fodlon i ddawnsfeydd ddisodli eisteddfodau.

Credai Mary Jane Griffiths i bentref Aber-porth a'r ardal gael llawer iawn o welliannau am fod Tegryn Davies ar y Cyngor Sir:

Byddai'n cyrraedd Pwyllgor y Neuadd ar yr amser penodol ac yn mynd yn syth wedyn. Roedd e mor brysur.

Ond ni chyfyngai ei bwyllgora i waith y cynghorau. Yn ôl Ben Owen bu'n Ysgrifennydd Cwrdd Chwarter Sir Aberteifi am dair blynedd ac yn Gadeirydd yn 1954. Etholwyd ef i gynrychioli'r Cyfundeb ar bwyllgor y Gymanfa Tair Sir, y Pwyllgor Heddwch a Phwyllgor Cydenwadol yr Iaith Gymraeg. Yn ogystal bu am chwe blynedd yn aelod o Gyngor yr Undeb ac am dair blynedd ar y Pwyllgor Gweinyddol. Pa ryfedd iddo ddweud un tro wrth dderbyn gwrogaeth yr ardal ei bod yn fwy

---

[152]S. Idris Evans, *Tâp Cwrdd Tystebu Beulah a Bryn-mair*, 29 Rhagfyr 1969.

anodd iddo ef dderbyn na rhoi. Mae'n sicr mai ef fyddai'r cyntaf i gyfaddef na fedrai fod wedi cyflawni holl orchwylion y Cyngor heb gefnogaeth a chymorth parod Mrs Davies. Ac yn ôl D. Gwyn Evans:

> . . . er bod pawb yn holi pa Weinidog a allai wasanaethu ar y Cyngor a gweinidogaethu'n gydwybodol ar yr un pryd fe lwyddodd y Parchedig T. Tegryn Davies, a hynny heb esgeuluso'i Weinidogaeth.

Pennod 8

GWERTHFAWROGIAD O WEINIDOGAETH A GWASANAETH Y PARCHEDIG A MRS T. TEGRYN DAVIES

Mae hanes am fyfyriwr, ar ôl gorffen ei gwrs Coleg a chael galwad i gylch gwledig, yn mynd at un o'i athrawon a gofyn iddo awgrymu rhestr o lyfrau a fyddai o gymorth iddo. Wedi i'r athro ddeall ei fod yn mynd i gylch hollol wledig, dywedodd wrtho am ofalu mynd â'r Beibl gydag ef. Ond yn ogystal cynghorodd ef i brynu'r *Farmers' Weekly*. Sylweddolai'r athro mai un o hanfodion llwyddiant gweinidog yw ei allu i ymgynefino â natur a bywyd y gymdeithas y galwyd ef i weini arni.

Mae'n rhaid bod rhywun a fagwyd ym mherfeddion gwlad yn teimlo'n ddieithr wrth weithio yng nghanol bywyd a phroblemau dinas a thref. Ac mae'n rhaid bod rhywun a fagwyd mewn tref neu ddinas boblog, ac sy'n hen gyfarwydd â phob math o gyfleusterau, yn teimlo'r rhwystredigaeth o ymgodymu â bywyd araf a hamddenol y wlad. Gallai'n hawdd fod yn beg sgwâr mewn twll crwn. Mae'n sicr y gellid cyfeirio at eithriadau ardderchog, ond at ei gilydd, mae'n fantais bod cefndir y gweinidog a phobl ei ofal rywbeth yn debyg er mwyn llwyddiant a llawenydd y gwaith. Wrth adolygu gweinidogaeth Tegryn Davies, daw yn amlwg fod ei fagwrfa yng ngogledd Penfro wedi bod o fantais iddo i roi gweinidogaeth hynod o lwyddiannus yng nghylchoedd gwledig De Ceredigion.

Wrth roi ystyriaeth i'r Weinidogaeth, ni all rhywun beidio â sylweddoli bod amrywiaeth a chyfoeth mewn dulliau o weinidogaethu. Mae'r Efengylau yn dangos bod yr Arglwydd Iesu Grist wedi dangos gwahanol agweddau ar y Weinidogaeth. Dro ar ôl tro ceir ef yn iacháu'r claf a'r clwyfus ac yn dangos ei awdurdod, hyd yn oed, ar angau a'r bedd. Ei waith yn atgyfodi Lasarus o'r bedd (Ioan 11: 43-44) oedd un o'r prif achosion pam y croeshoeliwyd ef. Cythruddodd y weithred hon y Phariseaid a galwodd y prif offeiriaid gyfarfod o'r Sanhedrin. Medd Efengyl Ioan:

O'r diwrnod hwnnw, felly, gwnaethant gynllwyn i'w ladd ef.
[Ioan 11: 53]

Efallai nad yw'r Eglwys wedi rhoi'r sylw dyladwy i'r agwedd hon ar y weinidogaeth.

Er bod gwahanol agweddau ar y weinidogaeth a bod y weinidogaeth yn ei haddasu ei hun gyda threigl y blynyddoedd, y mae rhyw bethau sy'n sylfaenol ac yn gyffredin ym mhob man bob amser. Dywedodd Solzhenitsyn nad yw'r natur ddynol yn newid llawer iawn cyflymach nag wyneb daearegol y ddaear ac y mae rhai o alwadau'r weinidogaeth, megis y frwydr yn erbyn pechod a'r angen am faddeuant, yn gyffredin i bawb ym mhob oes. Ond gall rhai galwadau ar y weinidogaeth amrywio o ardal i ardal.

Gwelwyd mor amrywiol fu cyfraniadau Mr a Mrs Tegryn Davies. Nid oes amheuaeth nad oedd y gwahanol agweddau ar eu gweinidogaeth wedi eu gwreiddio'n ganolog a dwfn yng ngwaith ei Winllan a'i Deyrnas Ef. Ac os bu ambell storm, yn enwedig ym Meulah, ni fu'r ddwy Eglwys a'r ardaloedd heb fynegi eu gwerthfawrogiad.

Yn 1954 penderfynodd Eglwysi Beulah a Bryn-mair eu cydnabod ar ddiwedd 21 mlynedd o weinidogaeth. Yr oedd Capel Beulah ar 16 Hydref 1954 yn orlawn o aelodau'r ddwy Eglwys, aelodau'r Adran a'r Aelwyd, gweinidogion ac offeiriaid y cylch, cynrychiolwyr eglwysi'r cylch ac eraill. Llywyddwyd y cyfarfod gan Llewelyn Powell, Ysgrifennydd Eglwys Beulah, a mynegwyd diolchiadau diffuant i'r ddau a dymuno'n dda iddynt. Ac er bod y ddau'n agosáu at eu trigain oed, drwy ddal ati y dymunai Mr a Mrs Tegryn Davies fynegi eu gwerthfawrogiad hwy:

Dymunem ddiolch yn gynnes iawn i bawb, y tu-fewn a thu-allan i'r Eglwysi am bob rhodd, a dymuniad da, gan obeithio y gallwn eto fynegi ein gwerthfawrogiad, mewn gwasanaeth a defnyddioldeb.[153]

Ond gwyddent ei bod bron yn amhosibl bodloni rhai:

. . . gwasanaeth digon amherffaith, yn sicr, mewn llawer cylch, ond eto i gyd, y gorau a allem ni ei gyflawni.[154]

Eto i gyd y mae'n rhaid bod y weithred o gydnabod eu gwasanaeth yn galondid iddynt:

Rhwng cyfraniadau'r Eglwysi, a rhoddion caredig cyfeillion yn y gymdogaeth, ynghyd â llawer rhodd a ddaeth i law wedi'r Cyfarfod, o agos a phell, nad oes gofnodiad ohonynt yma, [Adroddiad yr Eglwysi am 1954] gwelir nad oes eisiau i neb gywilyddio am yr hyn a ddigwyddodd.[155]

A mynn Ben Owen fod y dysteb o dros £500 a gyflwynwyd iddo gan eglwysi Beulah a Bryn-mair a thrigolion yr ardaloedd yn 1954, ar derfyn 21 mlynedd yn eu plith, yn gydnabyddiaeth:

. . . o'i wasanaeth mewn gweithred ac nid mewn gair yn unig.[156]

Mae'n ddiddorol iawn sylwi bod y dysteb o dros £500 yn fwy na'r gydnabyddiaeth flynyddol a gawsai fel cyflog yn y cyfnod hwnnw! Byddai'n syfrdanol heddiw pe câi gweinidog, ar ôl 21 mlynedd yn y Weinidogaeth, dysteb fwy na'i gyflog blynyddol.

Cynhaliwyd Cwrdd Gwerthfawrogol arall ym mis Rhagfyr 1965. Trefnwyd yr achlysur hwn yn Neuadd y Pentref Aberporth gan aelodau Aelwyd yr Urdd. Paratowyd rhaglen o gyfraniadau gan aelodau a chyn-aelodau'r Adran a'r Aelwyd a mynegwyd gwerthfawrogiad o wasanaeth y ddau. Cyflwynwyd

[153]T. Tegryn Davies, Anerchiad, *Adroddiad Eglwysi Annibynnol Beulah a Bryn-mair 1954*, David Evans, Castellnewydd Emlyn, 1955.

[154]ibid.

[155]ibid.

[156]Ben Owen, Yr Oriel, *Tywysydd y Plant: Cyfrol 2 Rhif 11*, Gwasg John Penry, Tachwedd 1955, tud. 166.

y recordydd tâp gorau y medrid ei brynu ar y pryd (AKAI) i Tegryn gan Geraint Jones—y cyntaf i ennill gwobr genedlaethol i Adran yr Urdd Aber-porth a hynny yng Nghorwen yn 1946. Cyflwynwyd cwpwrdd pren hardd i gadw copïau cerddorol i Mrs Davies gan Betty Thomas, a fu'n Drysoryddes yr Adran a'r Aelwyd am flynyddoedd. Arno roedd y geiriau:

Cyflwynedig i Mrs L. M. Tegryn Davies fel gwerthfawrogiad o lafur enfawr oddi wrth aelodau, cyn-aelodau a charedigion yr Urdd Aber-porth, Rhagfyr 1965.

Cyfansoddodd Dic Jones gywydd, sef 'I'R PARCH A MRS TEGRYN DAVIES' gogyfer â'r achlysur sy'n crynhoi holl wasanaeth y ddau ac yn diolch iddynt tra bônt byw. Mae'n werth ei gynnwys i gyd:

Bydded i'r neb a'i haeddo
Ei fawrhad cyn ei farw o.
Rhag mor isel ni wêl neb
O'i ddu geufedd ei gofeb,
Na gŵr sy dani'n gorwedd
Grug o fawl ar garreg fedd.

Disgleired ysgolorion
A thrwy'u sir ni thewir sôn,
Eithr erioed mae athro'r rhain
Yn brin o'u bri eu hunain.

Nydded fy awen heddiw
Ei cherdd o barch a'r ddau byw.
Hawdd amau a ddôi imi
Heb y rhain fy nhipyn bri,
Na cheinion hen farddoniaeth
Na chainc hoff na chanu caeth.
I'n hardal a fâi geirda
A pharch yng nghylchoedd sol-ffa

Heblaw hwy? A fyddai blys
Canu corawl concwerus
Yn ein bro i ddwfn barhau,
Na rhoi tôn ar y tannau?

Ein diolch i bâr diwyd
A'u dileit yn dal o hyd.
A ninnau'n fois y rhoisom
I'r ddau eu siâr dda o siom,
A'r Aelwyd ddireolau
Yn doll ar amynedd dau
Yn amal, wrth ddal y ddôr
I'r drwg a'r da ar agor.
Yn y sŵn ar nos Wener
Nid syn petai'n ffaelu'n ffêr
Eu hamynedd rhyfeddol
A'u didor nerth di-droi'n ôl.
Gwenent lle bai'n haws ganwaith
I'r rhain roi'r onnen ar waith.

Ffugient mewn bws gwsg yn gall,
Ar hwyr awr troi'r ffor' arall
O seti'r gwt a stŵr gwyllt
Awr garu'r adar gorwyllt,
Yna gweld yn un ac un
Priodi'r parau wedyn.

Derbyn wrth ddeddf Eisteddfod
Yn gwrtais ei chlais a'i chlod,
A breichio pob rhyw achos
Mewn cyngerdd blin wedi nos
Heb dderbyn, heb ofyn hur,
Hyd y wlad mae'u dyledwyr.[157]

Dic Jones.

[157]Y Prifardd Dic Jones, *Caneuon Cynhaeaf*, Gwasg John Penry, 1969 t. 55-56.

Pan gyhoeddodd Tegryn Davies yn y ddwy Eglwys ei fod, ar gyngor y meddyg, wedi penderfynu ymddeol, gwyddys i lawer o'r aelodau grio ar ôl cyrraedd adref o'r oedfaon. Er nad oedd pawb o blaid hynny ar y dechrau, trefnwyd Tystebau yn y ddwy Eglwys a Chwrdd Tystebu ym Meulah ar 29 Rhagfyr 1969. Roedd hi'n noson anarferol o oer ac yn rhewi'n gorn. Yn ogystal, roedd llawer iawn o salwch ym mhob man ac oblegid hynny cyflwynwyd nifer mawr o ymddiheuriadau anorfod. Ond daeth cynulleidfa anrhydeddus ynghyd i ddangos eu gwerthfawrogiad. Llywyddwyd y Cwrdd gan James Thomas, Bryn-mair, a chafwyd cyfraniadau cerddorol a llafar gan blant, ieuenctid ac aelodau Beulah a Bryn-mair. Roedd nifer o siaradwyr, yn gyd-weinidogion, cymdogion ac aelodau, o'r tu mewn a'r tu allan i'r ddwy Eglwys. Cyflwynwyd siec i Tegryn Davies ac anrheg o *Canteen of Stainless Steel Cutlery* a dau *Tureen* i Mrs Davies.

Yn ei gyflwyniad eglurodd y Cadeirydd nad oedd yr Eglwysi yn colli'r ddau i fynd i Eglwys arall. Gobeithiai felly y byddai pawb wrth siarad yn dymuno yn dda i'r ddau wrth iddynt ymddeol o Eglwysi Beulah a Bryn-mair ar ôl gweinidogaeth o dros 36 blynedd. Meddai James Thomas yn ôl y tâp o'r Cwrdd Tystebu:

> Yn ystod y cyfnod gwnaeth lawer iawn o waith nid yn unig yn yr eglwysi ond y tu allan iddynt hefyd. Gweld codi teuluoedd . . . ond y mae wedi dweud y bydd yn barod unrhyw bryd i roi help i ni neu gyfarwyddo unrhyw beth.

Y siaradwr cyntaf oedd y Parchedig Clement Davies. Yr oedd, wedi clywed cyfraniadau lleisiol y plant, o'r farn y byddai cwrdd coffa ym Meulah ymhen hanner can mlynedd i gofio am wasanaeth Mr a Mrs Tegryn Davies:

> Dwy i ddim yn gwybod am neb yn y gymdogaeth i gyd . . . Rwy'n medru siarad am gyfnod go faith—weles i neb erioed wedi gweithio mor ddygn, mor galed â'r Parchedig a Mrs Tegryn Davies ac fe fydd eu gwaith nhw yn aros yn y wlad yma am flynyddoedd lawer ac fe fydd sôn amdanyn nhw pan fydd pawb ohonom wedi cau ein llygaid.

Ni welodd Clement Davies ball ar ei garedigrwydd fel cymydog ac nid edrychodd dros y clawdd erioed i geisio denu un o braidd arall. Yn wir, yr oedd cytundeb rhwng Ben Owen ac yntau na dderbyniai yr un ohonynt aelod o eglwys y llall er i aelod y naill briodi ag aelod y llall. Yn hytrach, sefydlodd Tegryn Davies 'Fraternal' yng Nghastellnewydd Emlyn yn:

> . . . ddylanwad i ddod â'r eglwysi a'r gweinidogion yn nes at ei gilydd.

Siaradai S. Idris Evans fel Cyd-Gynghorydd ar Gyngor Sir Aberteifi a gweinidog Eglwysi Hawen a Bryngwenith a ffiniai ac a oedd yn yr un cylch Cymanfa Ganu. Yn ei dyb ef yr oedd Mr a Mrs Tegryn Davies wedi gadael eu stamp yn drwm yn y cylchoedd a dymunai fynegi parch ac edmygedd aelodau ei Eglwysi. Ni wyddai S. Idris Evans:

> . . . am neb mor amlochrog yn ei ddoniau â'r Parchedig Tegryn Davies. Llawn mor gartrefol ymysg plant, llawn mor gartrefol ymysg pobl ifainc ac henoed. Llawn mor gartrefol yn Aberaeron.

Tegryn Davies oedd wedi dwyn perswâd arno fe i wasanaethu fel Cynghorydd Sir.

Cynrychioli'r cymdogion a wnâi Mr Roderic Bowen. Mynnai mai'r cysylltiad rhwng dyn a'i gymydog oedd y cysylltiad pwysicaf ac eithrio'r cysylltiad rhwng dyn a'r Duwdod. Yr oedd yn ei dyb ef yn llawer pwysicach na'r cysylltiad rhwng gweinidog a'i aelodau! Pwysleisiodd mai geiriau'r Deg Gorchymyn yn yr Hen Destament oedd:

> 'Na ddwg gamdystiolaeth yn erbyn dy gymydog'. Nid yn erbyn dy weinidog. Yn erbyn dy gymydog.

A chofiai'r:

> . . . cyfreithiwr o bawb yn holi Crist ynglŷn â'r gorchymyn mwyaf pwysig ac eithrio'r gorchymyn i garu Duw. 'Câr dy gymydog fel ti dy hun'.

Yr oedd Roderic Bowen yn hapus felly bod hawl gan gymdogion Mr a Mrs Davies i siarad yn y Cwrdd Tystebu. Credai fod rhagluniaeth wedi bod yn rhyfedd o garedig wrthynt wrth gael Mr a Mrs Tegryn Davies yn gymdogion gan eu bod yn rhyfedd o garedig ac yn gymdogion heb eu hail. Eglurodd fod yna gymdogion cas, cymdogion busneslyd a chymdogion da i ddim:

> . . . fydde hi 'run man i chi gael parc o 'swêds'—fydde rheini yn fwy defnyddiol!

Yr oedd cymdogion eraill yn medru bod yn ddigon diddorol a'u calonnau nhw'n iawn ond na feddent y doniau i fod yn 'gymorth hawdd ei gael mewn cyfyngder'. Ni fedrai feddwl:

> . . . am neb yn fwy defnyddiol o garedig na Mr a Mrs Davies.

Dymunai ddiolch iddynt am yr holl garedigrwydd a dderbyniodd y cymdogion oddi wrthynt a'u hatgoffa mai ymddeol fel gweinidog a'i wraig yr oeddynt ac nid fel cymdogion. Ond yr oedd yn gwbl hyderus:

> . . . fe fydd Mr a Mrs Davies, tra bod anadl ganddynt, yn gymdogion yng ngwir ystyr y gair cymydog ac yn esiampl i bob un ohonom.

Un o'r siaradwyr o Eglwys Bryn-mair oedd Sally Parry Jones. Ei dymuniad hi, er bod Mr a Mrs Tegryn Davies yn enwog drwy Gymru am eu gwaith gyda'r plant a'r ieuenctid yn yr Urdd a'r Tonic Sol-ffa, oedd sôn am y pethau bach syml ond holl bwysig a ddigwyddai y tu mewn i furiau'r capeli. Yn ôl Sally Parry Jones yr oeddynt yn dechrau'r plant bach ar y llwybr cywir drwy eu dysgu'n ifanc iawn sut oedd sefyll:

> Roedd rhaid rhoi'r ddwy droed yn wastad ar y llawr. Cydbwysedd ar y ddwy ac yna sefyll heb wneud dim swn. Wedi dysgu sefyll, roedd e'n ein dysgu ni i gerdded o'r côr i'r côr mawr. Os bydde un ohonon ni yn codi trot byddai'n rhaid i ni

fynd nôl i eistedd. Wedyn roedd e'n ein dysgu ni i ddringo'r grisiau i'r pulpud yn urddasol. A dod i lawr yn yr un modd. Roedd e'n ein dysgu ni wedyn i ddarllen emyn. Ac y mae crefft arbennig iawn mewn darllen emyn.

Mynnai Sally Parry Jones mai nod y ddau wedi casglu y lliaws plant ynghyd yn y Tonic Sol-ffa oedd cael pawb i ganu:

Doeddech chi damaid gwell o ddweud wrth Mrs Davies, 'Sdim llais canu gyda fi'. Yr ateb bob amser oedd, 'Mae llais canu i gael gan bob un'. Roedd hi'n rhoi'r plentyn bach ar y ris gyntaf o'r ysgol a'i helpu e i ddringo yn araf.

Yr oedd yn hysbys bod llawer un ohonynt wedi cyrraedd pen yr ysgol ac yn naturiol fe ymfalchïai Mr a Mrs Tegryn Davies yn eu llwyddiannau. Diolchodd yn ddiffuant i'r ddau ar ran Eglwys Bryn-mair gan ddymuno'r gorau iddynt yn y dyfodol.

Dewiswyd yr awdur i siarad ar ran plant a phobl ifainc Eglwys Beulah. Cofiai amdano'n teithio ar feic, ar foto-beic, ar fws ac mewn modur yr wyth milltir yn ôl a blaen o Beulah i'r Marian i ddysgu adrodd. Crybwyllodd y Cantatas, y Dramâu, y Cyrddau Plant, y Tonic Sol-ffa a'r Adran a'r Aelwyd. Eglurodd ei bod yn rhyfedd mor aml yr oedd y 'cap yn ffitio' wrth iddo ef a'i gyfoedion wrando pregethau amserol a Christionogol ymarferol Tegryn Davies. Mynnai fod Mr a Mrs Tegryn Davies yn benderfynol o ochel rhag i'r Eglwysi fynd i rigol:

Roedd rhyw ffordd ryfedd gydag e i'n cael ni i fynd at wraidd rhywbeth. Byddai'n taclo'r peth oedd yn achosi'r dirywiad o hyd. Rwy' wedi ei glywed e'n dweud fwy nag unwaith, 'Yr unig ffordd o gadw pethau rhag gwaethygu yw ceisio eu gwella nhw!'

Mynnai'r awdur fod Tegryn Davies wedi pwysleisio gwerth llafur cariad a gwaith gwirfoddol o gychwyn ei weinidogaeth. Yn ei farn ef dymuniad Tegryn Davies a'i briod oedd ceisio cael yr aelodau i wneud rhywbeth eu hunain yn lle derbyn o hyd. Credai'r awdur fod Tegryn Davies yn dipyn o seicolegydd:

Os oedd e eisiau i chi wneud rhywbeth, anaml iawn y byddai'n gofyn yn uniongyrchol. Roedd e yn dod atoch a dweud, 'Mae hyn a hyn yn digwydd yn y fan a'r fan. Tybed ai doeth o beth nawr fyddai i ni fynd?' Ac o ofyn yn y ffordd yna fedrech chi byth wrthod! Roedd e'n dweud fod y peth eisiau'i wneud a chyn ei fod wedi gorffen mi roeddech chi wedi cynnig i wneud y peth eich hunan!

Ysgrifennydd Eglwys Bryn-mair ar y pryd oedd Kenneth Jones ac ef oedd ail siaradwr yr Eglwys honno. Dymunai, yn deyrngar a diffuant, wneud:

> . . . ymdrech i dalu teyrnged i ddau sydd wedi cerfio lle cadarn iddynt eu hunain yn ein capeli a chymdeithas y broydd hyn.

Yr oedd ef, wrth deithio'r byd ar y môr, wedi clywed recordiau o aelodau Aelwyd Aber-porth yn cael eu chwarae ar donfeddi radio'r byd:

> Mae Pont y Porth Aur yn San Francisco yn gofgolofn i'r peiriannydd a'i gwnaeth. Mae'r Taj Mahal yn yr India yn gof golofn i'r pensaer a'i hadeiladodd. Ond y mae cofgolofnau lawer i'r ddau hyn yn llyfrgelloedd recordiau y wlad hon a gwledydd eraill yn y byd.

Yr oedd Kenneth Jones wedi teithio moroedd mawrion llydain o Seland Newydd hyd at draethau Hong Kong ac wedi wynebu temtasiynau byd:

> . . . ond ar ryw achlysuron yn cael y cadernid i ddweud, 'Na', ac yn medru aros yn erbyn y llu. Cofio am fore oes a Bryn-mair, a gallu rhesymu yn erbyn y pethau atyniadol. Roedd y simént cynnar wedi ei gymysgu 2 : 1. Y gymysgfa a wnaethpwyd yn y Capel yn ddigon cadarn i wrthsefyll torf.

Ac yn rhyfedd iawn yr oedd y simént cadarn hwnnw wedi ei gymysgu a'i osod dan gyfarwyddyd cadarn a diflino Mr a Mrs Tegryn Davies:

> Yn aml . . . roedd yn bryd dod allan â'r onnen! Ond tynerwch a pherswâd a enillai bob tro.

Ceisiodd Kenneth Jones ddwyn perswâd ar Mrs Davies i ddal ati yn Ysgol Sul Bryn-mair nes bod rhywrai yn cymryd a gwneud y gwaith yn ei lle ond, oherwydd amgylchiadau, nid oedd hynny i fod.

Ail siaradwraig Eglwys Beulah oedd Nona Richards. Mynnai hi bod gweithgareddau'r ddau a anrhydeddid yn ddifesur. Soniodd am yr holl dystlythyron, y geirda a'r gymeradwyaeth a ddaeth o'r Marian gydol y blynyddoedd. A phwysleisiodd fod y ddau yn dweud yn aml nad ennill oedd yn bwysig i'r Cristion ond yr ymdrech a'r ymroad personol i'r gorchwyl:

> Petaem yn ceisio rhifo'r oriau mae'r ddau wedi eu rhoi i'r eglwysi, a'r cylch hoffai fanteisio arnynt, drwy'r blynyddoedd, i ddysgu Tonic Sol-ffa ynghyd â'r grefft o fyw byddai'r cyfanrif yn syfrdanol ac yn achos i ni gnoi ein cil heblaw cnoi tafod!

Dyna ergyd i'r dyrnaid na gytunai â'r Tystebu. Onid oedd llwyddiant disglair y ddau gyda'r Urdd dros y blynyddoedd hefyd yn adlewyrchiad gwych o'u gallu a'u hamynedd? Ac nid llwyddiant ar y llwyfan yn unig a ddeilliodd o'r Adran a'r Aelwyd ond bywyd y bobl ifainc yn ei gyfanwaith. Disgrifiwyd yr ymgynnull yn yr Aelwyd:

> ... yn aml fel Matrimonial Agency. Ond roedd hi'n dda o beth i'n plant gael cyd-gwrdd o dan ddylanwad a disgyblaeth gyffelyb.

Nid oedd Nona Richards yn hollol siŵr y medrent ymddeol o'u holl orchwylion fyth a dymunai bob bendith iddynt ac iechyd i fwynhau eu gwahanol orchwylion. Y darlun gorau a fedrai hi ei greu o'r ddau oedd:

> ... gwyrdroi'r adnod i'r lluosog a darllen, 'Hwynt-hwy aethant o amgylch gan wneuthur daioni'.

Dewiswyd Martin Roberts, trydydd siaradwr Eglwys Bryn-mair, i ddweud gair ar ran y bobl ifanc. Cyflwynodd ystadegau i amlinellu gweithgarwch y ddau gydag Adran ac Aelwyd yr

Urdd a'r Tonic Sol-ffa. Ac onid oedd nifer fawr o blant drwy gael eu cyflwyno i'r Tonic Sol-ffa, wedi cael y cyfle i ddysgu rhywbeth oedd wedi marw mewn mannau eraill o Gymru? Dymunai iechyd a hapusrwydd i'r ddau a diolchodd iddynt:

> . . . am bopeth y maent wedi ei wneud . . . Wrth feddwl yn ôl am yr holl y mae Mrs Davies wedi ei ysgrifennu gogyfer ag oedfaon, yr Urdd a'r Tonic Sol-ffa, mae'n rhaid fod yma fwy na digon o bentyrrau i bapuro muriau'r Capel yma.

Trydydd siaradwr Eglwys Beulah oedd Henry Morgan a fynnai mai Tegryn Davies:

> . . . oedd y bersonoliaeth fwyaf ddiddorol i fi gwrdd ag e erioed. Mae'n werth ei glywed yn siarad ac yn eich ateb chi.

Yr oedd Henry Morgan a Tegryn Davies yn ffrindiau. Gwyddai'r ddau am bob agwedd ar ambell storm fawr a fu ym Meulah. Medd Tegryn Davies wrth ddiolch ar ddiwedd y cyfarfod:

> Amdanoch chi, Mr Morgan, rwy'n siŵr eich bod chi wedi arbed y 'situation' rai troeon (nid yr un ffordd yr ydym yn gweld pethau bob amser) a'ch bod chi wedi penderfynu na chaiff e ddim llefain heno, ta beth, na hithau.

Dadlennol! Yr oedd Henry Morgan wedi adrodd storïau i ddangos sut yr oedd Tegryn Davies wedi ennill ei le mor naturiol ym Meulah ganol y tridegau drwy gamu i mewn i ganol bywyd lle bynnag yr oedd:

> Rwy'n cofio rhyw brynhawn Sul tu allan i'r Capel ym Meulah . . . a rhywun yn dweud nad oedd y bobl ifainc yn rhoi y gwasanaeth a ddylent. A dyma fe'n gofyn i Mr Davies roi rhasbad iddyn nhw. A meddai Mr Davies nôl, 'Wel! dw i ddim yn gwybod. Dw i ddim yn credu y gwnaiff hynny weithio. Pan oeddwn i adref roeddwn yn ffond iawn o fynd i'r efail a bob tro y gwelais i y gof yn defnyddio rhasb ar garn mynd yn llai oedd troed y ceffyl.' Ffordd arall o ddweud na thalai i rasbo'r bobl ifainc.

Yn ôl Henry Morgan, dyna ffordd arall o egluro wrth bobl y wlad nad trwy eu dwrdio yr oedd ennyn cydweithrediad yr ifanc. Ond cofiai am Tegryn Davies yn gorfod gweithredu'n uniongyrchol:

> . . . Mr Davies yn galw i roi tro am rywun . . . Dymunai'r claf i rywun nôl barbwr i'w siafo. 'Wel! peidwch â gwneud hynny,' meddai Mr Davies. 'Gadewch i ni gael gwneud yr hyn fedrwn ni.' A dyma fe i mewn. Fe gafodd Mr Davies ei siafo am ei fod yn weinidog. Ond ar ôl iddo fe fod wrthi am dipyn roedd y claf yn dechrau anesmwytho. 'Beth sy'n bod,' meddai Mr Davies. 'Rwy'n arfer rhegi wrth siafo,' meddai'r claf, 'i ollwng ana'l.' 'Wel,' meddai Mr Davies, 'os byddwch chi'n teimlo'n well—mas â nhw!'

Ac yr oedd y gweinidog ifanc newydd, ganol y tridegau, yn saethwr o fri. Ond nid pawb a wyddai hynny. Yn wir roedd rhai yn methu â deall sut yr oedd Tegryn Davies dipyn yn llai o ran corff na'i ragflaenydd, yn enwedig o ystyried ei fod yn fab i fferm. Cofiai Henry Morgan am rywrai yn gofyn iddo ddod allan i saethu ryw ddiwrnod:

> Daeth cymydog nad oedd yn gwrddwr selog atyn nhw a gofyn wrth un o'r ffermwyr yn dawel, 'Pwy yw hwn sydd 'da chi?' Fe eglurwyd pwy oedd y cariwr gwn. 'Wel ydych chi'n credu y saethai e das wair?' holodd y cymydog ymhellach. Fe glywodd Mr Davies y cyfan achos yr oedd ei glust e'n fain. Ac yn sydyn dyma giach yn codi ac fe gwympodd Mr Davies e â'r ergyd gyntaf!

Ond ni chafodd Tegryn Davies y gair olaf bob tro. Cofiai Henry Morgan amdano, ar ôl dychwelyd adref wedi cyfnod maith yn yr ysbyty [1942], yn ceryddu Alun y mab am beidio â bwyta ei fwyd i gyd:

> 'Edrych 'ma,' meddai Mr Davies. 'Petait ti'n grwt bach pan oeddwn i'n grwt bach, fyddet ti ddim yn cael caws a menyn ar dy fara.' Dyma Alun yn ateb, 'Na lwcus i chi eich bod chi wedi dod i fyw atom ni 'te!'

147

Yr oedd Henry Morgan hefyd wedi diolch i'r ddau Drysorydd a'u teuluoedd, a oedd â digon o alwadau beunyddiol arnynt eisoes, a'i hystyriodd yn fraint cael casglu. Ac meddai:

> Rwy wedi bod yn siarad â nifer o famau yr ardaloedd yma a rheiny yn dweud fel hyn, 'Mae'r plant hyn wedi dweud wrthym yn bendant nad y'ch chi'n cael rhoi trostynt i dysteb Mr Davies—rydym ni yn rhoi ein hunain, oblegid ni sydd wedi cael y fantais a'r wybodaeth a'r help fwyaf oddi wrtho.'

Yr oedd agwedd y bobl ifanc hyn yn ôl Henry Morgan yn diogelu'r dyfodol:

> A chan fod gennym ni rywrai fel hyn i gael, rwy'n siŵr y bydd dyfodol Bryn-mair a Beulah yn sicr i gerdded i mewn i yfory well.

Drwy amryfusedd nid anfonwyd gwahoddiad swyddogol i May White, Arholwraig y Tonic Sol-ffa ar hyd y blynyddoedd. Ond ar ôl gweld cyfeiriad at y Cwrdd Tystebu yn *Y Tyst* fedrai hi ddim peidio â'i fynychu. Estynnwyd gwahoddiad iddi ddweud gair. Yr oedd wedi cydweithio â Mr a Mrs Tegryn Davies am flynyddoedd ac wedi credu yr âi'r ddau ymlaen am byth! Byddent yn trefnu dydd yr arholiad ddigon o amser ymlaen llaw ac yn barod iawn i ddod â char i'w chyrchu o Gydweli. Yn wir yr oedd eu trefnusrwydd wedi cyffwrdd yn rhyfedd â May White:

> A dyma bâr trefnus. A dyma bâr gytun 'te. Y ddau'n gweithio fel un. Mi fydde hi'n rhoi gwybod yn flynyddol eu bod nhw wedi dechrau ar y gwaith . . . Ac yna ymhen rhai wythnosau list drefnus mewn ysgrifen eglur o'r holl ddisgyblion a entrwyd am yr arholiadau theori a'r practical—yr enwau, yr oedran a'r cyfeiriadau.

Daeth yr anrhydedd o anrhegu Mrs Davies i ran David Morris James, Beulah, a gredai y dylai gweithgarwch y ddau gael ei gyhoeddi drwy'r holl wlad er mwyn bod yn esiampl i eraill:

> Mae cymaint yn cael eu dysgu ar y ffordd anghywir. Mae'r rhain wedi mynd ati y ffordd reit i ddysgu plant. Dechrau gyda'r modulator a'r Tonic Sol-ffa.

Wrth ddiolch i bawb dywedodd Mrs Davies eu bod, y ddau ohonynt, ar ôl bod ym Meulah a Bryn-mair am gymaint o flynyddoedd, yn ei chael hi'n anodd credu eu bod yn ymddeol. Ni welodd neb mor siriol â Megan Davies a Sally Parry Jones pan wnaethant alw yn Y Marian ar ran yr Eglwysi i holi pa anrheg a ddymunai, ac oherwydd hynny yr oedd mor falch o dderbyn yr anrhegion heno. Nid oedd Mrs Davies am dorri pob cysylltiad â'r aelodau:

> . . . fe gewch chi ginio pan ddewch chi heibio—mewn steil.[158]

Ni ddymunai Mrs Davies siarad yn hir:

> . . . fe gaiff y gŵr siarad—y mae'n arfer siarad yn fy lle i.

Ond teimlai reidrwydd i ddiolch i'r Eglwysi am y caredigrwydd a'r help gydol y blynyddoedd ac yn enwedig pan oedd gwir angen cymorth arnynt:

> Yn 1942, roedd e yn yr ysbyty, Alun a minne gartref, Alun yn un bach, ond fe fuoch chi'n help mawr y pryd hynny. Anghofia i byth mo caredigrwydd unigolion a theuluoedd y ddwy eglwys. Wedyn daeth salwch arall yn 1961 . . . Anghofia i byth mo'r bobl ifainc yn barod iawn i gadw pethau i fynd yn y ddwy eglwys. Chawson ni ddim trafferth. Aeth popeth ymlaen. Cawsom gadw'r dosbarthiadau Tonic Sol-ffa ymlaen. Pob peth fel hynny hyd nes bod e'n dod 'nôl.

Eglurodd nad oedd ei phriod wedi gwella yn iawn o'r salwch hwnnw:

[158]Lydia May Tegryn Davies, *Tâp Cwrdd Tystebu Beulah a Bryn-mair*, 29 Rhagfyr 1969.

A phan oedd Kenneth yn dweud bod rhaid i fi gario ymlaen, wel alla i byth. Pan oedd y meddyg yn dweud wrtho fe am roi fyny rwy' i fod i edrych ar ei ôl.

Yr oedd yn barod iawn i wneud ac yn hyderus am fod ganddi fwy o brofiad erbyn hyn nag oedd ganddi yn 1961. A gobeithiai y byddai'r ddwy Eglwys yn bwrw ati i gael gweinidog arall yn ddiymdroi:

> . . . cyn bod chi'n dechrau mynd i rigol fel oedd Wyn James yn dweud. Dy'ch chi ddim fod mynd i rigol heb un gweinidog nawr, cael gweinidog newydd nawr yn gloi ac fe fydd popeth yn iawn yma ac fe fydd llwyddiant yn y ddwy eglwys.

Cyflwynwyd y dysteb, gyda'r dymuniadau gorau, i Tegryn Davies gan Mrs Harries Jones, Bryn-mair. Yr oedd yn flin ei fod yn rhoi'r gorau i'r Weinidogaeth ar ôl amser hir a hapus. Ond roedd yn dda gwybod y byddai'n aros yn yr ardal ac y byddai'n parhau yn un ohonom. Ni theimlai Tegryn Davies bod:

> . . . eisiau iddo fe siarad llawer ar ôl 'iddi hi' [ei briod] ddweud cymaint!

Y mae'n amlwg ei fod yn anniddig ac yn siomedig bod rhai aelodau, er eu holl weithgarwch a'u hymdrechion, yn mynnu eu beirniadu:

> . . . a theimlo rwy i yn annheilwng iawn o ryw bethe sydd wedi cael eu dweud. A dydyn ni ddim wedi gwneud hanner digon, efallai ein bod ni wedi gwneud ein gorau hefyd, ond doedd ein gorau ni ddim digon da gan lawer.

Fe gofir iddo ddweud rhywbeth tebyg yn y Cwrdd Cydnabod yn 1954. Ond y tro hwn bu'n ystyried:

> . . . gwneud rhyw sblash mawr ar y diwedd 'ma â rhyw bregeth fawr. Ond fel y dywedodd Joseph James doeddwn i ddim am roi cic wrth fynd. Roedd e'n sôn am ryw gaseg—wrth adael honno yn rhydd, roedd hi'n dueddol o droi 'nôl a rhoi cic wrth fynd.

Cyffelybiaeth amaethyddol arall hawdd ei deall! Mae'n amlwg ei fod yn falch nad ildiodd i'r demtasiwn:

Rwy'n credu y buasai rhywbeth yn debyg i honno wedi bod yn ofnadwy ar ôl clywed y pethau hyn yn cael eu dweud heno. Rwy'n siŵr fod y pethau yna i gyd yn dod o'ch calonnau chi ac rwy'n ddiolchgar iawn amdanyn nhw.

Ac meddai yn ei Anerchiad olaf:

Rhaid i ni fel teulu gydnabod yn ddiolchgar iawn y rhoddion caredig o'r Eglwysi a'r cylchoedd mewn cyfarfod arbennig ym Meulah, Rhagfyr 29, 1969.[159]

Teg edrych ar y Weinidogaeth o safbwynt Tegryn Davies a'i briod. Meddai eto yn ei Anerchiad olaf:

Braint yn ogystal â chyfrifoldeb yw cael ysgrifennu rhagair i Adroddiad am yr unfed tro ar hugain yn yr un lle.
    Gwelwyd llawer iawn o gyfnewidiadau—llawer o fynd a dod, llawer o heulwen ac ambell gwmwl, peth llwyddiant a pheth aflwyddiant; gwelwyd llawer iawn o deyrngarwch diffuant ar hyd y blynyddoedd. Bu yma ryw gymaint o lwyddiant allanol, a dweud y lleiaf. O gymharu rhifedi'r aelodau, gwelir bod yma dros gant o gynnydd yn y ddwy eglwys. Rhaid addef fod hyn i'w gyfrif, i raddau, am fod cyfartaledd oed yr aelodau dipyn yn uwch na'r hyn ydoedd yn 1933.

Gwelir iddo fod yn ddigon diymhongar. Ac yr oedd mor graff a bachog ac y bu yn 1953:

Efallai mai y cylchoedd mwyaf byw ydyw gwasanaethau a dosbarthiadau'r plant. Lle byddo teyrngarwch yn y cartref, fe ddaw'r plant o hyd gafael i ddylanwadau Ysgol Sul a dosbarth.[160]

[159]T. Tegryn Davies, Anerchiad, *Adroddiad Eglwysi Annibynnol Beulah a Brynmair 1969*, E. L. Jones a'i Fab, Argraffwyr, Aberteifi, 1970.
    [160]T. Tegryn Davies, Anerchiad, *Adroddiad Eglwysi Annibynnol Beulah a Brynmair 1953*, David Evans, Heol Sycamor, Castellnewydd Emlyn, 1954.

Ar sail yr hyn a ddywedodd yn ei araith a draddodwyd yng Nglandŵr, gwyddai yn ei galon bod gweinidogaeth a gweithgarwch Mrs Davies ac yntau wedi bod ar y trywydd cywir:

Aethom ati ein dau i gadw Dosbarthiadau Llên a Cherdd ym Meulah a Bryn-mair, ac yn Adran ac Aelwyd yr Urdd yn Aber-porth. Sicrhaodd y plant a'r bobl ifanc gannoedd lawer o dystysgrifau a chymryd rhan mewn cannoedd o gyngherddau. Wedi'r cyfan, mae'n ddigon posibl, ein bod ar y 'pren reit'. [cyfeiriad at Nwncwl Jâms yn ceisio saethu'r wiwer, (D. J. Williams)].[161]

Dywedwyd eisoes mai Tegryn Davies a gafodd yr anrhydedd o fod yn Gadeirydd olaf Cyngor Sir Aberteifi a thrwy hynny wasanaethu ar Bwyllgorau Llywio sefydlu Cyngor Sir Dyfed. Ac yn ôl ei fab, Alun, gwrthododd ei dad gael ei enwebu gogyfer ag anrhydeddau gan y Frenhines.

Nodwyd i Mrs Davies gael ei chodi'n Ynad Heddwch. Daeth anrhydeddau haeddiannol eraill i'w rhan hefyd. Yn eu plith oedd Llywydd Cymdeithas Cerdd Dant Cymru (1962), Is-Lywydd Urdd Gobaith Cymru (1969), Beirniad Adran Cerdd Dant Eisteddfod Genedlaethol Aberafan a'r Cylch (1965) a Llywydd Anrhydeddus Eisteddfod Genedlaethol y Dathlu Aberteifi a'r Cylch (1976). Ac yn yr Eisteddfod Genedlaethol honno cyflwynwyd iddi Fedal Syr T. H. Parry Williams Er Clod a roddir i gydnabod ac anrhydeddu gwasanaeth gwirfoddol a nodedig ymhlith pobl ifainc am nifer fawr o flynyddoedd. Hi oedd enillydd cyntaf y Fedal ac os bu rhywun yn haeddiannol erioed Mrs Davies oedd honno. Nid oedd iechyd Mrs Davies yn caniatáu iddi fynychu'r Eisteddfod a chyflwynwyd y Fedal i'w hŵyr a'i hwyres, Huw a Meryl. Ysgrifennwyd cywydd gan Dic Jones i ddathlu'r achlysur:

[161]T. Tegryn Davies, *Copi o Araith a draddodwyd yng Nglandŵr*

Y dryw â'r cryfder eryr,
Y corff brau a'r doniau dur,
Di-roi-i-fewn benderfyniad,
Y llais a'r cais dinacâd.
Dygai amynedd digoll
A mwyn air, ein Mam ni oll.

Nid er clod fu'r llafurwaith,
Nid er mawl yr hirdrwm waith,
Ac nid oedd rhifo'r oriau
Yn ddim yn hanes y ddau.

Rhowch iddi barch ei haeddiant
Mewn cawraidd dôn, mewn cerdd dant.
Y mae nodd pob dim a wnaeth
Mwy'n cnydio mewn caniadaeth.

Rhoddwch gan tlws aur iddi,
Ni thalant mo'i haeddiant hi,
O'r rheng a ddaw ar ei hôl
Ni fydd un mwy haeddiannaol.

*Bonesig yn unig all
Euro bonesig arall.[162]

*Cyflwynwyd y Fedal gan y Fonesig Amy Parry-Williams

Mynnai Mrs Davies tan y diwedd fod yr anrhydedd pennaf hwn yn cydnabod gwasanaeth clodwiw ei phriod hefyd. 'Fe', iddi 'Hi', oedd y symbylydd a'i braint hi oedd cydweithio'n ddiflino. Pan ddywedodd Lorenza Davies wrth Mrs Tegryn Davies ryw dro na hoffai hi fod yn wraig i weinidog nesaf Beulah a Bryn-mair ar ei hôl hi atebodd:

Wnes i ddim ond gweithio gydag e 'run fath ag ydych chi yn helpu'r gŵr ar y fferm.

[162]Dic Jones, *Storom Awst*, Gwasg Gomer, 1978, t. 51.

Medd D. J. Roberts:

> . . . fe dyfodd goddefgarwch ac amynedd a doethineb mawr yn ffrwythau amlwg y weinidogaeth hon.[163]

Ni flinodd yr un ohonynt ar hyrwyddo diwylliant Cymreig cyfoethog mewn eglwys ac ymhlith ieuenctid nac ar fyrddau gweinyddiaeth gyhoeddus hyd y diwedd. Yn ôl Dic Jones yn *Namyn Bugail*:

> Yr oedd Mr a Mrs Davies yn bobl eu hoes a'u cyfnod, yn diwallu angen y cyfnod hwnnw yn ogoneddus, ac yn gosod seiliau y bydd gan sawl cenhedlaeth i ddod le i ddiolch amdanynt.

Medd Dic eto yn ei hunangofiant *Os Hoffech Wybod*:

> Yr un yw'r deunydd crai ym mhob ardal ym mhob oes—yr arweinwyr sy'n wahanol.[164]

Yng ngweinidogaeth y ddau hyn cafodd Eglwysi Beulah a Bryn-mair y fraint o wasanaeth dau weithiwr diflino ar gydnabyddiaeth oedd yn llai na chyflog haeddiannol un.

Erys eu dylanwad.

[163] D. J. Roberts, Mrs Tegryn Davies, *Y Faner*, 6 Ebrill 1979.

[164] Dic Jones, *Os Hoffech Wybod*, Cyfres y Cewri 8, Gwasg Gwynedd, 1989, t. 141.

PARCHUS GOFFADWRIAETH

Hunodd Tegryn Davies ar 13 Awst 1974 ac fe'i rhoddwyd i orffwys yn mro ei febyd ym mynwent Glandŵr, Penfro, ar 17 o Awst. Yn ôl ei ddymuniad cafodd angladd hollol breifat a dim blodau. Ar y daflen i gofio amdano ceir detholiad o Deyrnged D. J. Roberts, Aberteifi o'r *Tyst* (Awst 1974) sy'n gorffen â'r geiriau:

Cofir am y Parchedig T. Tegryn Davies fel un oedd â'i wytnwch a'i ffydd yn ganllawiau cadarn, ac a'i cadwodd mor brysur ym meysydd ei ddiddordeb hyd y diwedd.

Ar ei Daflen Goffa hefyd ceir cyfres o englynion gan Dic Jones:

> Fe welsom orffen pennod,—a gwylio
> Hen gwlwm yn datod,
> Mwy rhyfedd na'i rhyfeddod
> Yw iddo beidio â bod.

> Y gennad sydd heb ei gannwyll;—pallodd
> Y gweld pell ystyrbwyll,
> Y cyngor heb ei grebwyll
> Cadarn na barn ei hir bwyll.

> Braenarodd a heuodd had,—ar egin
> A brig cadwodd lygad,
> Storws lawn sy' dros y wlad
> O wenith ei ddylanwad.

Cyfansoddwyd Soned Goffa i Tegryn Davies gan y Parchedig D. J. Thomas:

> Bu Bryniau y Preselau ym mhob oes
> Yn lle i fagu doniau o bob rhyw,
> Storïau'r Mabinogi hen a roes
> I Ddyfed hanes mor gyffrous a byw;

Diderfyn ydyw'r sôn am Ddewi Sant
A gododd ei Gadeirlan yn y fro,
A daw y pererinion fyrdd i'r pant
I weled cist ei esgyrn gwyn dan glo.
O ganol y traddodiad hwn y daethost ti,
Yn ŵr a gynysgaeddwyd at y dasg
O wasanaethu yn ein dyddiau ni,
Wrth ddangos wir ogoniant Crist a'i Basg:
Erys dy lafur dithau mwy a'th air,
Yng nghof trigolion Beulah a Bryn-mair.

D. J. Thomas

Bu Mrs Lydia May Tegryn Davies fyw chwe blynedd arall. Hunodd yng nghartref ei mab Alun a'i wraig Sandra, a'i hwyrion Huw a Meryl, ar 20 Hydref 1980. Claddwyd hithau yng Nglandŵr Penfro.

Ysgrifennodd yr awdur dri thriban er coffa amdanynt ar y pryd:

FE
Fe'i ganed yn arweinydd,
Wrth reddf bu yn Gynghorydd,
Barchedig ŵr wynebai her
Â chraffter gwir realydd.

HI
'Hi 'ma'r' dryw bach llawn hyder,
Na fedrai weld anhawster,
Amynedd hon ni threchodd neb:
Taerineb ac addfwynder.

NHW
Y nhw'n gyfuniad perffaith
A'u doniau yn gyfanwaith,
Mewn Gardd ac Aelwyd—ar y cyd
A'u gwynfyd eu llafurwaith.

G. Wyn James

Erys yr edmygedd ohonynt a'r coffa da amdanynt.

Atodiadau

ℜhaglen

CWRDD
✦ DIWYLLIADOL ✦
BEULAH.

TYMOR 1936–37.

Cadeirydd :
Parch. T. TEGRYN DAVIES.

Trysorydd :
Mr. D. M. JAMES, Trefaesfawr.

Ysgrifenyddion :
Miss THOMAS, Post Office.
Miss RICHARDS, Trefaesfach.

TOCYN AELODAETH.

TREFN Y CYFARFODYDD.

1936.

Tachwedd 9. Papurau byr ar y canlynol :
'Ceiriog'—Miss Mary Thomas. Darllen darn o'i waith
Miss Daisy Thomas, 'Telynog'—Mrs. James, Cwrthen.
Wythawd—'Blodeuyn bach wyf fi mewn gardd,' dan
ofal Miss R. M. Davies, Trenova, Emlyn Evans, Miss
Bessie Davies. Uuawd o'i waith—David Davies.

Tachwedd 23. Ymdrin a rhagoriaethau cymharol y
Cerddwr, Seiclwr a'r Modurwr ar daith drwy Sir
Aberteifi. Cerddwr : Miss Eury Jones, Seiclwr : Mr.
Glanmor Williams, Modurwr : Mr. Emlyn Thomas.
Deuawd gan Miss Mary James a Miss Euronwy James.

Rhagfyr 3. Dadl rhwng y Gymdeithas leol ac Eben-
ezer. 'Y mae Pasiffistiaeth yn rhesymol ac yn Gristion-
ogol,' Dros Feulah-Miss N. M. Jones a Mr. J. Harries
Thomas.

Rhagfyr 21. Darllen ac esbonio rhannau o gynyrch-
ion buddugol Eisteddfod Abergwaun—Emlyn Davies,
J. Morgan, D. Richards. Unawd gan Mr. Dan James.

1937.

Ionawr 4. SOCIAL. Cwrdd dan ofal myfyrwyr y
Coleg.—Miss Sally Elias, B.A., Miss Getta Powell, B.Sc.
Miss Gwyneth Powell, Mr. Dewi James.

Ionawr 18. Hanes Beulah yng nghyfnod y Parch. Owen Thomas–Miss A. Thomas, Post Office a Mr. Shm Davies. Atgofion am weinidogaeth y Parch. Parri Huws.—Miss Evans, Glandwr a Mr. Alun James. Gwelliannau yn y lle a'r ardal yng nghyfnod y Parch. D. Dalis Davies.—Mrs. Williams, Pantygravel a Miss L. M. James. Tyhen. Adroddiad—Mr. Hirwen James.

Ionawr 28. Dadl rhwng y Gymdeithas leol a Glynarthen. 'Y mae y Diwyfr yn anfantais i grefydd.' Dros Feulah—Miss K. Jones a Mr. D. J. Davies, M.R.C.V.S.

Chwefror 15. Dadl: 'Mantais ar y fferm yw gwerthu llaeth yn lle gwneud ymenyn.' Cadarnhaol: Miss B. Richards, Trefaesfach a Mr. D. Evans, Fronlas. Nacaol: Miss Morfydd Evans a Griffith J. Davies.

Deuawd gan Miss Lizzie James a Mr. Dan James

Chwefror 22. Papurau byr ar grefyddau mawr y byd, sef,—

Mahometaniaeth—Mr. Beynon, C.M.

Bwdistiaeth—Miss P. H. Evans.

Confflwsiaeth—Mr. Tom Jones.

Cristionogaeth—Mr. D. M. James.

Unawd gan Mr. John Richards.

Mawrth 7. Dadl: 'Mantais yw ethol swyddogion eglwys am oes.'

Cadarnhaol: Mr. Henry Morgan a Mr. Euron James
Nacaol: Mr. Ll. Powell a Mr. Edward Evans.

161

ATODIAD 2

Rheolau Eglwysig Beulah, pa rai a ffurfiwyd ac a basiwyd yn nghyfarfod trefnu blynyddol yr Eglwys, Ion. 4, 1911; ac hefyd a fabwysiadwyd gan Eglwys Brynmair yn ei chyfarfod trefnu blynyddol, Ion. 6, 1931.

Ni ystyrir unrhyw berson yn Aelod Rheolaidd o'r Eglwys hon (Beulah),—

I. Oni bydd yn proffesu credu yn yr athrawiaethau hyny fabwysiedir yn gyffredin gan yr Annibynwyr fel athrawiaethau uniawngred.

II. Oni bydd yn anrhydeddu yr ordinhadau Cristionogol, ac yn hyrwyddo y gweinyddiad rheolaidd o honynt yn ol y drefn Annibynol.

III. Oni bydd yn arwain bywyd egniol, moesol, a diargyhoedd, ac yn gweddio Duw yn wastadol.

IV. Oni bydd yn mynychu moddion cyhoeddus yr Eglwys yn gyson, prydlon a rheolaidd. Bydd i unrhyw Aelod sydd yn byw yn yr ardal i absenoli ei hun o Gymundeb yr Eglwys am dri mis yn olynol, yn ei anghymwyso i fod bellach yn Aelod o'r Eglwys, oddieithr iddo fod yn alluog i roddi rheswm digonol i'r frawdoliaeth dros ei ddieithrwch.

V. Oni bydd yn gwneuthur yr oll sydd ddichonadwy iddo er cynyrchu gweithgarwch, meithrin cariad, a diogelu heddwch a thangnefedd yn mysg ei gyd-aelodau.

VI. Oni bydd yn cyfranu yn rhesymol ac yn ol ei allu at bob achos da perthynol i'r frawdoliaeth. Yn gyson â'r Rheol hon, bydd unrhyw Aelod na fydd yn cyfranu at y weinidogaeth sefydlog, a galwadau eraill tufewnol i'r Eglwys, yn gyfartal ag eraill sydd o'r un amgylchiadau ag ef, yn diaelodi ei hun yn uniongyrchol.

VII. Oni bydd yn ewyllysgar i wrando ar gynghor ac i ymostwng i gerydd yr Eglwys pan y gwel hi hyny yn angenrheidiol.

VIII. Oni bydd yn foddlongar i ymostwng i farn mwyafrif yr Aelodau ynglyn â phob mater o ddadl parthed trefn, ymddygiad, neu ddisgyblaeth eglwysig.

IX. Awdurdodir y Gweinidog i ofyn yn Swyddogol i blant yr Eglwys am Arwyddo Dirwest pan yn ymgeisio am fod yn gyflawn Aelodau o honi.

X. Yn gyson â'r Rheolau blaenorol, os y bydd unrhyw Aelod yn cyfeiliorni mewn athrawiaeth, yn anwybyddu yr ordinhadau, yn dirywio mewn moesau, yn anffyddlon yn yr addoliad, yn anfrawdol mewn ymddygiad, neu yn ddiffygiol mewn cyfranu, bydd yn agored i gerydd yr Eglwys, ac oni wna wrando ar y cyfryw gerydd a cheisio diwygio, ystyrir ef o hyny allan megys yr "ethnig a'r publican," ac yn anheilwng o gael lle pellach yn mhlith y frawdoliaeth.

162

PAFILIWN ∴ ABERTEIFI
NOS IAU, MAWRTH 3, 1949

Dan nawdd y Maer a'r Faeres, Y Cynghorwr JENKIN RICHARDS,
Y.H., a Mrs. RICHARDS.

Gwyl Ddrama

GAN GWMNIAU ENWOCAF CEREDIGION.

Y PIBYDD YN Y MAES
(T. C. Murray, cyfieithia gan Nan Davies, B.A.),

Gan Gwmni Aelwyd. Aberystwyth

Y TY AR Y RHOS Gan Gwmni Talybont
(Amy Parry Williams).

ADAR O'R UNLLIW Gan Gwmni Beulah
(J. O. Francis). (T. Tegryn Davies).

Also TWO-ONE ACT PLAYS by

St. Mary's Cymry'r Groes, Cardigan :
(By kind permission of Messrs. Abel Heywood & Sons, Manchester).

THE OTHER SIDE OF THE WALL
(P. E. Bentley).

UNCLE JOSEPH
(J. B. Trenwith).

Arweinydd .... Parch. T. TEGRYN DAVIES.
Trefnwyr y llwyfan :
Mri. FRED LEWIS, GARFIELD THOMAS a LEMUEL MORGAN

Llywydd: Y Cyng. W. L. DAVIES, Pantyderi
Cadeirydd: Yr Henadur HUBERT M. DAVIES, D.L.
Cadeirydd Pwyllgor Addysg Sir Aberteifi.

Drysau yn agored am 6.30, i ddechrau am 7 yn brydlon.

Tocynnau—5/- a 3/6 (Seddau Cadw) ; a nifer penodol am 2/6.
Gellir sicrhau Tocynnau oddiwrth Miss Nance Jones. Welsh Stores
(Ffôn 191).

Pwyllgor:

Cadeirydd: Cyng. JENKIN RICHARDS, Y.H., (Maer y Dref);
Trysoryddes : Miss NANCE JONES, Welsh Stores, Aberteifi;
Ysgrifennydd: Mr. J. H. JOHNS, Palmyra, Aberteifi.

Yr elw tuag at Gronfa'r Neuadd Goffa.